JN294107

N2 文法

Preparation for
The Japanese Language Proficiency Test

45日間で基礎からわかる

日本語能力試験対策

N2文法
総まとめ

三修社

＜本書の目的＞

本書は日本語能力試験 N2 に出題される文法をマスターすることを目的としています。日本語能力試験 N2 合格を目指す方、N1 合格のための基礎固めをしたい方、N2 文法が使えるようになりたい方々に、独習用の教材として利用していただけます。日本語能力試験の問題は、純粋に文法を問う問題ももちろんありますが、それだけでなく読解や聴解の試験の基礎をなす部分ですので、文法を習得することは試験を受ける上での根幹となります。本書をしっかりとマスターすれば、N2 合格の力を十分に養うことができます。

＜本書の特長＞

■4か国語の対訳つきで独習がスムーズに
各機能語に、意味と簡潔で分かりやすい解説、例文などをつけました。意味と解説には4か国語（英語・中国語・韓国語・ベトナム語）の翻訳をつけ、独習での学習をサポートしています。

■N2 文法を効率よく計画的に学習できる
N2 文法を覚えやすいように配列し、1日に3～5つの機能語（1日6ページ）を学び、9週間で終了するようになっています。似た意味を持つ機能語や混乱しそうな機能語をまとめて学習できるように構成してあるので、試験で問われやすいポイントを効率よく学ぶことができます。また、勉強したことが確認できるように、目次に「学習記録」を設けました。

■**文法に集中できる**

文字や語彙が難しくて学習が思うように進まないという事態にならないように、N5相当漢字以外の漢字にはすべて振り仮名をつけ、難しいと思われるなどの語彙には訳（4か国語）をつけました。そのため文法を重点的に効率よく身に付けることができます。（ルビは漢字の下についていますので、振り仮名なしで読める方はルビを見ずに学習を進めましょう。）

■**確実なステップが踏める**

1日分ずつ機能語の解説などのあとに練習問題があります。理解しているかどうか確認しながら学習が進められます。シリーズの『日本語能力試験対策 N2文法問題集』も合わせて使っていくと、さらに実践力が備わります。

■**辞書としても使える**

機能語を順番に学習することもできますが、辞書のように分からない機能語の意味や用法を調べるのに利用することもできます。索引は、例えば「～において」だけでなく「～おいて」からもひけるようにしました。

第1週 week1

学習記録

1日目……16
　　　　　　　　　　　　　　　　　　　月　　日　　／12点

- ～において（は）／～においても／～における ……… 16
- ～にわたって／～にわたり／～にわたる ……… 17
- ～から～にかけて ……… 18
- ～て以来／～以来 ……… 19
- ●確認テスト ……… 20

2日目……22
　　　　　　　　　　　　　　　　　　　月　　日　　／12点

- ～際（に）／～際は ……… 22
- ～に際し（て）／～に際しての ……… 23
- ～にあたって／～にあたり ……… 24
- ～に先立って／～に先立ち／～に先立つ ……… 25
- ●確認テスト ……… 26

3日目……28
　　　　　　　　　　　　　　　　　　　月　　日　　／12点

- ～最中に／～最中だ ……… 28
- ～うちに／～ないうちに ……… 29
- ～ところに／～ところへ／～ところを ……… 30
- ～かけだ／～かけの／～かける ……… 31
- ●確認テスト ……… 32

4日目……34
　　　　　　　　　　　　　　　　　　　月　　日　　／12点

- ～次第 ……… 34
- ～たとたん／～たとたんに ……… 35
- ～かと思うと／～かと思ったら／～と思うと／～と思ったら ……… 36
- ～か～ないかのうちに ……… 37
- ●確認テスト ……… 38

5日目……40
　　　　　　　　　　　　　　　　　　　月　　日　　／12点

- ～たび／～たびに ……… 40
- ～ては ……… 41
- ～につけ／～につけて／～につけても ……… 42
- ●確認テスト ……… 44

4

第2週　week2

学習記録

1日目……46
月　日　／12点

- ～てからでないと／～てからでなければ …… 46
- ～てはじめて …… 47
- ～上(は)／～上の／～上でも／～上での …… 48
- ～たところ …… 49
- ●確認テスト …… 50

2日目……52
月　日　／12点

- ～た末(に)／～た末の／～の末(に) …… 52
- ～あげく／～あげくに …… 53
- ～ぬく …… 54
- ～次第だ …… 55
- ●確認テスト …… 56

3日目……58
月　日　／12点

- ～きり／～きりだ …… 58
- ～きる／～きれる／～きれない …… 59
- ～一方だ …… 60
- ～つつある …… 61
- ●確認テスト …… 62

4日目……64
月　日　／12点

- ～つつ／～つつも …… 64
- ～ながら／～ながらも …… 65
- ～ついでに …… 66
- ～ものの …… 67
- ●確認テスト …… 68

5日目……70
月　日　／12点

- ～にしたがって／～にしたがい …… 70
- ～につれて／～につれ …… 71
- ～に伴って／～に伴い／～に伴う …… 72
- ～とともに …… 73
- ●確認テスト …… 74

第3週 week3

学習記録

1日目……76 月　日　／12点

- ～に応じ（て）／～に応じた ……… 76
- ～ば～ほど ……… 77
- ～に比べて／～に比べ ……… 78
- ～に反し（て）／～に反する／～に反した ……… 79
- ●確認テスト ……… 80

2日目……82 月　日　／12点

- ～反面／～半面 ……… 82
- ～一方／～一方で／～一方では ……… 83
- ～かわりに／～にかわって／～にかわり ……… 84
- ●確認テスト ……… 86

3日目……88 月　日　／12点

- ～について（は）／～につき／～についての ……… 88
- ～に関して（は）／～に関する ……… 89
- ～に対し（て）／～に対しては／～に対する ……… 90
- ～をめぐって／～をめぐる ……… 91
- ●確認テスト ……… 92

4日目……94 月　日　／12点

- ～にこたえ（て）／～にこたえる ……… 94
- ～を問わず／～は問わず ……… 95
- ～にかかわらず／～に（は）かかわりなく ……… 96
- ～にもかかわらず ……… 97
- ●確認テスト ……… 98

5日目……100 月　日　／8点

- ～もかまわず ……… 100
- ～はともかく／～はともかくとして ……… 101
- ～ぬきで／～ぬきに／～ぬきの／～（は）ぬきにして ……… 102
- ●確認テスト ……… 103

第4週　week4

学習記録

1日目……104　　月　日　／12点

- 〜にとって（は）／〜にとっても／〜にとっての …… 104
- 〜として（は）／〜としても …… 105
- 〜にしたら／〜にすれば／〜にしても …… 106
- 〜としたら／〜とすれば …… 107
- ●確認テスト …… 108

2日目……110　　月　日　／12点

- 〜からいうと／〜からいえば／〜からいって …… 110
- 〜からすると／〜からすれば …… 111
- 〜から見ると／〜から見れば／〜から見て／〜から見ても …… 112
- 〜からして …… 113
- ●確認テスト …… 114

3日目……116　　月　日　／12点

- 〜ことから …… 116
- 〜というと／〜といえば／〜といったら …… 117
- 〜からといって／〜からって …… 118
- 〜といっても …… 119
- ●確認テスト …… 120

4日目……122　　月　日　／12点

- 〜とおり（に）／〜どおり（に） …… 122
- 〜に沿って／〜に沿い／〜に沿う／〜に沿った …… 123
- 〜に基づいて／〜に基づき／〜に基づく／〜に基づいた …… 124
- 〜をもとに／〜をもとにして …… 125
- ●確認テスト …… 126

5日目……128　　月　日　／12点

- 〜のもとで／〜のもとに …… 128
- 〜を中心に／〜を中心として／〜を中心にして …… 129
- 〜を〜として／〜を〜とする／〜を〜とした …… 130
- 〜ように …… 131
- ●確認テスト …… 132

第5週 week5

学習記録

1日目 …… 134

| | 月 | 日 | ／12点 |

- ～次第で／～次第では／～次第だ …… 134
- ～によって／～により／～による／～によっては …… 135
- ～によると／～によれば …… 137
- ●確認テスト …… 138

2日目 …… 140

| | 月 | 日 | ／12点 |

- ～かぎり（は）／～かぎりでは／～ないかぎり …… 140
- ～に限って／～に限り／～に限らず …… 141
- ～上（は）／～上も …… 142
- ～にかけては／～にかけても …… 143
- ●確認テスト …… 144

3日目 …… 146

| | 月 | 日 | ／8点 |

- ～わりに（は） …… 146
- ～にしては …… 147
- ～くせに …… 148
- ～向きだ／～向きに／～向きの …… 149
- ～向けだ／～向けに／～向けの …… 150
- ●確認テスト …… 151

4日目 …… 152

| | 月 | 日 | ／12点 |

- ～ほど …… 152
- ～ほど／～ほどの／～ほどだ …… 153
- ～くらい／～ぐらい／くらいだ／ぐらいだ …… 154
- ～ほど…はない・～くらい…はない …… 155
- ●確認テスト …… 156

5日目 …… 158

| | 月 | 日 | ／12点 |

- ～こそ／～からこそ …… 158
- ～さえ／～でさえ …… 159
- ～さえ…ば …… 160
- ～ないことには …… 161
- ●確認テスト …… 162

第6週　week6

学習記録

1日目……164　　月　日　／12点

- 〜にきまっている …………………………………………………… 164
- 〜しかない …………………………………………………………… 165
- 〜ほか（は）ない／〜よりほか（は）ない／〜ほかしかたがない … 166
- 〜にほかならない …………………………………………………… 167
- ●確認テスト ………………………………………………………… 168

2日目……170　　月　日　／12点

- 〜に違いない／〜相違ない ………………………………………… 170
- 〜ざるをえない ……………………………………………………… 171
- 〜ずに（は）いられない …………………………………………… 172
- 〜ないではいられない ……………………………………………… 173
- ●確認テスト ………………………………………………………… 174

3日目……176　　月　日　／12点

- 〜ないことはない／〜ないこともない …………………………… 176
- 〜にすぎない ………………………………………………………… 177
- 〜べき／〜べきだ／〜べきではない ……………………………… 178
- 〜かのようだ／〜かのような／〜かのように …………………… 179
- ●確認テスト ………………………………………………………… 180

4日目……182　　月　日　／8点

- 〜まい／〜まいか …………………………………………………… 182
- 〜っけ ………………………………………………………………… 184
- 〜とか ………………………………………………………………… 185
- ●確認テスト ………………………………………………………… 186

5日目……188　　月　日　／8点

- 〜気味 ………………………………………………………………… 188
- 〜げ …………………………………………………………………… 189
- 〜っぽい ……………………………………………………………… 190
- 〜だらけ ……………………………………………………………… 191
- 〜がちだ／〜がちの ………………………………………………… 192
- ●確認テスト ………………………………………………………… 193

第7週 week7

1日目……194　　　月　日　／12点

- ～も～ば～も～／～も～なら～も～ ……………………………… 194
- ～やら～やら ……………………………………………………… 195
- ～にしろ／～にせよ ……………………………………………… 196
- ●確認テスト ……………………………………………………… 198

2日目……200　　　月　日　／12点

- ～をはじめ（として）／～をはじめとする ………………… 200
- ～といった ………………………………………………………… 201
- ～など／～なんか／～なんて …………………………………… 202
- ●確認テスト ……………………………………………………… 204

3日目……206　　　月　日　／8点

- ～ばかりか／～ばかりでなく …………………………………… 206
- ～どころか ………………………………………………………… 207
- ～というより ……………………………………………………… 208
- ～どころではない／～どころではなく ………………………… 209
- ●確認テスト ……………………………………………………… 210

4日目……212　　　月　日　／8点

- ～以上（は） ……………………………………………………… 212
- ～上は ……………………………………………………………… 213
- ～からには／～からは …………………………………………… 214
- ～だけ／～だけあって／～だけに／～だけの ………………… 215
- ●確認テスト ……………………………………………………… 217

5日目……218　　　月　日　／12点

- ～おかげで／～おかげだ ………………………………………… 218
- ～せいだ／～せいで／～せいか ………………………………… 219
- ～ばかりに ………………………………………………………… 220
- ～あまり …………………………………………………………… 221
- ●確認テスト ……………………………………………………… 222

第8週　week8

1日目……224　　月　日　／12点

- ～わけがない／～わけはない …… 224
- ～わけだ …… 225
- ～わけではない／～わけでもない …… 226
- ～わけにはいかない／～わけにもいかない …… 227
- ●確認テスト …… 228

2日目……230　　月　日　／12点

- ～ことか …… 230
- ～ことだ …… 231
- ～ことだから …… 232
- ～ことなく …… 233
- ●確認テスト …… 234

3日目……236　　月　日　／12点

- ～ことに（は） …… 236
- ～ことになっている／～こととなっている …… 237
- ～ことはない／～こともない …… 238
- ～ということだ …… 239
- ●確認テスト …… 240

4日目……242　　月　日　／8点

- ～もの …… 242
- ～ものか …… 243
- ～ものだ／～ものではない …… 244
- ～ものがある …… 246
- ●確認テスト …… 247

5日目……248　　月　日　／12点

- ～ものだから …… 248
- ～ものなら …… 249
- ～というものだ …… 250
- ～というものではない／～というものでもない …… 251
- ●確認テスト …… 252

11

第9週 week9

学習記録

1日目……254 　月　日　／12点

- ～てしょうがない／～てたまらない …………………………………… 254
- ～てならない ……………………………………………………………… 255
- ～っこない ………………………………………………………………… 256
- ～ようがない／～ようもない …………………………………………… 257
- ●確認テスト ……………………………………………………………… 258

2日目……260 　月　日　／12点

- ～得る（うる・える）／～得ない ……………………………………… 260
- ～おそれがある／～おそれもある ……………………………………… 261
- ～かねる／～かねない …………………………………………………… 262
- ～がたい …………………………………………………………………… 263
- ●確認テスト ……………………………………………………………… 264

3日目……266 　月　日　／12点

- ～をきっかけに／～をきっかけとして／～をきっかけにして ……… 266
- ～を契機に／～を契機として／～を契機にして ……………………… 267
- ～を通じて／～を通して ………………………………………………… 268
- ～をこめて ………………………………………………………………… 269
- ●確認テスト ……………………………………………………………… 270

4日目……272 　月　日　／12点

- ～に加え（て） …………………………………………………………… 272
- ～うえ（に） ……………………………………………………………… 273
- ～はもちろん／～はもとより …………………………………………… 274
- ～のみならず／～のみではなく ………………………………………… 275
- ●確認テスト ……………………………………………………………… 276

5日目……278 　月　日　／8点

- 尊敬語・謙譲語（動詞） ………………………………………………… 278
- 尊敬語と丁寧語（形容詞など） ………………………………………… 280
- その他の表現 ……………………………………………………………… 281
- ●確認テスト ……………………………………………………………… 282

＜索引＞ ……………………………………………………………………… 283

＜本書の構成と使い方＞ Organization and Usage of the Book / 本书的构成和学习方法 / 이 책의 구성과 사용 방법 / Cấu trúc và cách sử dụng quyển sách này

● **全体の構成と使い方**

1日3～5つの機能語を学び、5日で約20の機能語を身に付けます。最後の1日は敬語を学び、9週間で2級の文法事項を網羅します。

Learn 3 to 5 key expressions every day, and about 20 per week. Study honorific terms on the last day. In 9 weeks, all of the second grade grammar points will have been covered.

学习者每天学习3到5个功能词，5天大约学会20个功能词，最后一天学习敬语。九个星期就能学完日语能力试验2级的文法部分。

하루에 3～5 가지의 기능어를 공부하여, 5일동안 20 가지의 기능어를 습득합니다. 마지막 하루는 경어를 공부합니다. 9 주 동안 2 급의 문법 사항을 망라하고 있습니다.

Mỗi buổi các bạn học từ 3 đến 5 từ khóa và như vậy trong 5 buổi các bạn sẽ học khoảng 20 từ khóa. Buổi cuối cùng các bạn học về kính ngữ. Các bạn học ngữ pháp cấp độ 2 trong 9 tuần.

Step1　各機能語の解説や例文を読んで理解します。例文は覚えましょう。

Read and understand each key expression and example sentence. Memorize the example sentences.
理解每一个功能词的解说和例文，牢记每个例文。
각 기능어의 해설 및 예문을 읽고 이해합니다. 예문을 외웁시다.
Các bạn đọc hiểu phần giải thích nghĩa của các từ khóa và các mẫu câu. Các bạn hãy ghi nhớ các mẫu câu!

Step2　確認テストをします。確認テストは12問または8問あります。12問の場合は10問以上、8問の場合は7問以上の正解を目指しましょう。間違えた文型についてはもう一度確認して、確実に身に付けてください。確認テストの得点を目次の「学習記録」に記入し、復習に役立てましょう。

Do the practice questions. There are 8 or 12 questions in the 確認テスト (Practice Quiz). Try to get 10 or more correct when there are 12 questions, and 7 or more correct when there are 8. Practice the patterns you got wrong, and make sure you have learned them correctly. After practicing steps 1 and 2, fill out the 学習記録 (Study Record).

做好练习问题，复习容易搞错的文法，掌握好每一个文法。课后练习有12题或8题。学习者务必争取在12题里答对10题以上，8题里答对7题以上。在完成第1阶段和第2阶段的练习题后，记在「学习记录」里。

연습 문제를 풉니다. 확인 테스트는 12 문제 혹은 8 문제입니다. 12 문제인 경우에는 10 문제 이상, 8 문제인 경우에는 7 문제 이상 정답을 맞출 수 있도록 합시다. 틀린 문형은 복습을 하여 확실하게 익혀 둡시다. Step1 과 Step2 가 끝나면 학습 기록을 기입합니다.

Các bạn làm bài tập thực hành. Bài kiểm tra xác nhận gồm 12 câu hoặc 8 câu. Các bạn hãy lấy mục tiêu là nếu có 12 câu thì trả lời đúng ít nhất 10 câu còn nếu có 8 câu thì trả lời đúng ít nhất 7 câu. Các bạn ôn luyện những mẫu câu bị sai để nhớ kỹ mẫu câu đó. Sau Step 1 và Step 2 là phần [Ghi chép bài học].

● 解説ページの構成
Organization of the explanation page / 解说页的构成 / 해설 페이지의 구성 / Cấu trúc trang giải thích nghĩa

意味 :機能語の意味や特徴などが書いてあります。いくつかの意味がある場合は分類して示しています。

Has the meaning and special characteristics of the key expressions. When there are several meanings, they are divided into categories.

本书记载了每个功能词的意思和特征。在一个功能词有多种意思的情况下则分类说明。

기능어의 의미 및 특징을 설명합니다. 여러가지 의미가 있는 경우에는 분류해서 설명해 놓았습니다.

Ghi ý nghĩa và đặc trưng của từ khóa. Có phân loại và chỉ rõ trong trường hợp từ có nhiều nghĩa.

接続 :機能語がどんな品詞のどんな形に接続するかが分かります。日本語能力試験の文法問題では、接続の形に関する設問もありますので、しっかりチェックしましょう。本書で使っている表記＜品詞や活用の表し方＞を右ページに表で示します。

Explains things such as what part of speech the key expressions are and the patterns they are connected with. Be sure to check them carefully since there are questions about how key expressions are connected in the JLPT grammar questions. The notations used in this book (how the parts of speech and word forms are abbreviated) are written on the next page.

便于理解功能词属于哪种词性，连接哪种形态。在日语能力试验的文法问题中，设有连接哪种形态的假设问题，勤练习加深理解。本书的表记法（词性，活用法）请参考右面的表格。

기능어가 어떤 품사와 어떤 형태로 접속하는지를 설명합니다. 일본어 능력 시험의 문법 문제에는 접속의 형태에 관한 문제도 있으므로, 확실하게 체크해 둡시다. 이 책에서 사용하고 있는 표기 (품사 및 활용의 표시 방법) 는 오른 쪽 표와 같습니다.

Hiểu được từ khóa liên kết với dạng nào của từ loại nào. Phần ngữ pháp của bài thi năng lực tiếng Nhật có cả câu hỏi liên quan đến dạng liên kết nên các bạn hãy nắm thật chắc. Các ký hiệu (cách biểu hiện từ loại và cách sử dụng) dùng trong quyển sách này được mô tả ở trang bên.

＜例＞ :その機能語を使った例文を挙げています。難しい語彙は ✏ で訳をつけています。

Gives an example sentence for the key expressions. Difficult vocabulary is translated in ✏.

例文中包含了功能词，较难的词汇在 ✏ 里有相对应的词汇。

그 기능어를 사용한 예문입니다. 어려운 어휘는 ✏ 에서 뜻을 달아놨습니다.

Đưa ra ví dụ có sử dụng từ khóa đó. Đối với từ vựng khó, có giải thích nghĩa ở phần ✏

慣用 :慣用的に使われる言い方を示しています。

Shows how the key expression is commonly used.

日常使用的惯用语或惯用句。

관용적으로 쓰이는 표현입니다.

Chỉ ra cách nói được sử dụng nhiều, trở thành thói quen.

他 :その他の使い方や補足説明が書いてあります。

Explains other usages and gives supplementary explanations.

其他的使用方法或补充说明。

그 외의 쓰임 및 보충 설명입니다.

Có ghi cách sử dụng khác và giải thích bổ sung.

➤ :似ている機能語を参照できるように示しました。違いなどを確認しておきましょう。

Gives similar key expressions for reference. Make sure you understand the differences, etc.

可以参考的相近功能词，做好预习。

비슷한 기능어입니다. 다른 점 등을 확인해 둡시다.

Tham chiếu các từ đồng nghĩa. Các bạn hãy xác nhận sự khác nhau...

<品詞や活用の表し方>

	本書の表記		例
動詞（V）	V 辞書形	動詞の辞書形	書く
	V ます形	動詞のます形	書き
	V て形	動詞のて形	書いて
	V た形	動詞のた形	書いた
	V ない形	動詞のない形	書かない
	V ている形	動詞のている形	書いている
	V ば形	動詞のば形	書けば
	V 意向形	動詞の意向形	書こう
	V 普通形	動詞の普通形	書く 書かない 書いた 書かなかった
い形容詞（イA）	イA	い形容詞の語幹	大き
	イAい	い形容詞の辞書形	大きい
	イAく	「い形容詞の語幹＋く」	大きく
	イA 普通形	い形容詞の普通形	大きい 大きくない 大きかった 大きくなかった
な形容詞（ナA）	ナA	な形容詞の語幹	便利
	ナAである	「な形容詞の語幹＋である」	便利である
	ナA 普通形	な形容詞の普通形	便利だ 便利じゃない 便利だった 便利じゃなかった
	ナA 名詞修飾型	な形容詞が名詞につく形	便利な 便利じゃない 便利だった 便利じゃなかった
名詞（N）	N	名詞	雨
	Nの	「名詞＋の」	雨の
	N（であり）	「名詞」または「名詞＋であり」のどちらでも良い	雨（雨であり）
	N 普通形	名詞の普通形	雨だ 雨じゃない 雨だった 雨じゃなかった
	N 名詞修飾型	名詞につく形	雨の 雨じゃない 雨だった 雨じゃなかった

15

第1週 1日目 〜において／〜にわたって／〜から〜にかけて／〜て以来

時や場や領域を表すもの

〜において・〜においては・〜においても・〜における

意味 〜で

場所・時代・分野などを示す。

In 〜. Expresses place, duration, or genre, etc.

在……。表示地点・年代・领域等。

〜에서. 장소・시대・분야 등을 나타낸다.

Ở, tại, trong, về việc, đối với. Chỉ địa điểm, thời gian, lĩnh vực, vv...

接続 N ＋ において・においては・においても・におけるN

<例>
① 2012年のオリンピックはイギリスのロンドンにおいて行われる。
② 我が国においても少子化が進行している。
③ 会議における発言には注意が必要だ。
④ 19世紀において電気は最大の発明だろう。
⑤ この棚は値段は高いが、使いやすさにおいては他のものよりずっといい。

我が……my, our/ 我，我们 / 우리 /đất nước tôi, đất nước chúng tôi

少子化……declining birthrate/ 少子化 / 저출산화 /tỷ lệ sinh giảm

発言……statement/ 发言 / 발언 /phát biểu

～にわたって・～にわたり・～にわたる

意味　～の間ずっと・～の範囲全部

期間・回数・場所・分野などの全範囲、広がりを表す。

Throughout ～ . during entire range of ～ . Expresses range of a time span, number of times, place, type, etc.

历经……; 各个……。表示期间、次数、地点、领域等所有范围及其扩展。

～하는 동안 계속・～의 범위 전부 . 기간・횟수・장소・분야 등이 어느 정도나 범위에 미침을 나타낸다 .

Trong suốt, suốt, trong cả... Biểu thị sự trải rộng trên phạm vi toàn thể về thời gian, số lần, địa điểm, lĩnh vực, vv...

接続　N　＋　にわたって・にわたり・にわたるN

＜例＞　①マーケット調査は10か月にわたって行われた。

　　　　②台風のため、広い範囲にわたって大雨が降るでしょう。

　　　　③5回にわたる手術でやっと治った。

　　　　④彼は哲学や教育など多くの分野にわたり本を出している。

マーケット調査……marketing/ 市场调查 / 시장 조사 /điều tra thị trường

哲学……philosophy/ 哲学 / 철학 /triết học

分野……field/ 領域 / 분야 /lĩnh vực

第1週1日目

〜から〜にかけて

意味　〜から〜までの間

時間・期間や場所などの範囲を表す。「〜から〜まで」ははっきりした範囲を示すが、「〜から〜にかけて」はだいたいの範囲。時間・期間について言うときは、後文は一回だけのことではなく、継続的・連続的なことを表す文が来る。

From 〜 until 〜. Expresses range of a time, period, place, etc. 〜から〜まで expresses fixed range, but 〜から〜にかけて is less precise. When talking about time, what follows will be a repeated action, continuous, or sequential.

从……到……。表示时间、期间和地点。「〜から〜まで」表示确定的范围,「〜から〜にかけて」是大概的范围。用来说明期间、时间, 后面接续的语句不只是一次性, 还表示持续的、连续的事物。

〜부터/에서 〜에 걸쳐서. 시간・기간과 장소 등의 범위를 나타낸다.「〜から〜まで」가 확실한 범위를 나타내는데 비해「〜から〜にかけて」는 대략적인 범위를 나타낸다. 시간・기간에 관하여 말할 때, 뒤에는 반드시 계속적, 연속적인 일을 나타내는 문장이 온다.

Từ khoảng... đến... Chỉ phạm vi thời gian, địa điểm. 〜から〜まで là cách nói chỉ phạm vi rõ ràng còn 〜から〜にかけて là chỉ phạm vi ước chừng. Khi nói về thời gian thì vế sau của câu sẽ biểu hiện một sự việc xảy ra liên tục, liên tiếp chứ không phải chỉ xảy ra một lần.

接続　N ＋ から ＋ N ＋ にかけて

<例>　① フォークソングは1960年代から70年代にかけて流行した。
　　　② 今朝、大阪から名古屋にかけて弱い地震があった。
　　　③ 彼は小さいころ、肩から腰にかけてやけどをした。

流行する……become popular/ 流行 / 유행하다 /thịnh hành

〜て以来・〜以来

意味　〜てから今までずっと

後文には過去のある時点から続いている状態のことを表す文が来る。（一回だけのことは来ない★。）

Ever since 〜. What follows will happen continuously from a point in the past. (Not used for things happening once.)
……以来。后面接续表示过去的某个时候开始，一直持续状态的语句。（不能接续只出现一次的事情）
〜한 이후 지금까지 계속. 뒤에는 반드시 과거의 어느 시점에서 그 상태가 계속되고 있음을 나타내는 문장이 온다. (일회적으로 끝나는 경우에는 쓰이지 않음.)
Suốt từ đó đến bây giờ... Vế sau của câu biểu hiện sự việc tiếp diễn từ thời điểm trong quá khứ đến hiện tại. (Không biểu hiện sự việc chỉ xảy ra một lần.)

接続

$$\left.\begin{array}{l} V \text{て形} \\ N \end{array}\right\} + 以来$$

<例>
① あの映画を見て以来、映画監督になりたいという夢を持つようになった。
② 去年旅行先からのはがきを受け取って以来、彼からは何の連絡もない。
③ 卒業以来、この学校には来ていなかったので、とても懐かしい。

★こんな文はだめ！
×大学を卒業して以来、先生に一度会った。

映画監督……film director/ 导演 / 영화 감독 /đạo diễn phim

第1週 1日目 確認テスト

問題1　正しいものに○をつけなさい。

1) インターネット取引き {a. における　b. にわたる} マナーが最近問題になっている。
2) 東京から名古屋 {a. にまで　b. にかけて} 地震がありました。
3) 大統領は明日から8か国 {a. にわたって　b. にかけて} 訪問し、来週帰国する。
4) バロック音楽とは17世紀から18世紀のヨーロッパ {a. において　b. にわたって} 作られた音楽である。
5) 先月、40年 {a. にわたって　b. にわたる} 働いた会社を定年退職した。
6) 2か月ぐらい前にかぜを {a. ひいて　b. ひき} 以来、ずっと体の調子が悪い。

取引き……transaction/ 交易 / 거래 /giao dịch

定年退職……mandatory retirement/ 退休 / 정년 퇴직 /nghỉ hưu

問題2　（　）に入る適当な言葉を□から選びなさい。同じ言葉は一度しか使えません。

において　　にわたって　　にかけて　　て以来

1) 日本では毎年夏から秋（　　　　　）台風が来る。
2) 今の会社に就職し（　　　　　）、一度も仕事を休んだことがない。
3) 本日午後2時から4階の大会議室（　　　　　）会議を行います。
4) 吉田さんは全科目（　　　　　）優秀な成績をとることができた。

就職する……get a job/ 就业 / 취직하다 /vào làm việc

優秀な……excellent/ 优秀的 / 우수한 /xuất sắc

成績……grade/ 成绩 / 성적 /thành tích

問題3 （　　）に入る最も適当なものを一つ選びなさい。

1）夕方から夜中にかけて（　　）。

 a. 足が痛い

 b. 足を痛めた

 c. 足が痛くなってきた

2）新しい携帯電話に変えて以来、（　　）。

 a. 迷惑メールがよく来る

 b. 一回だけ使いました

 c. 壊れてしまいました

迷惑メール……barfmail/ 垃圾邮件 / 스팸메일 /thư quấy rối

27ページで答えを確認！

得点　／12

（第9週5日目の解答）
問題1　1）b　2）a　3）a　4）b　5）b
問題2　1）c　2）b　3）a

第1週 2日目

〜際／〜に際し／〜にあたって／〜に先立って

時・時点を表す言い方

〜際・〜際に・〜際は

意味　〜のとき

「とき」の硬い表現。「この際」は、「ちょうどいい機会だから」の意味になる。

On the occasion of 〜. Same meaning as「とき」but more formal.「この際」means "because of this fortunate opportunity."
在……时候。「とき」的正式用语。「この際」是「正好趁此机会」的意思。
〜할 때.「とき」의 딱딱한 표현.「この際」는「마침 좋은 기회이기에」라는 뜻.
Khi, lúc, trường hợp. Đây là cách nhấn mạnh của とき. この際 có nghĩa là: Vì đúng dịp tốt nên...

接続

V 辞書形・た形
Nの
＋ 際（に・は）

<例>

① 日本からイタリアへ赴任した際、犬を連れていく手続きが大変だった。
② 登録の際に印鑑が必要です。
③ お帰りの際は、忘れ物がないようにご注意ください。
④ ひどい風邪をひいて、のどが痛い。この際、禁煙しよう。

赴任する……leave for one's new post/ 赴任 / 부임하다 /đi nhận chức

手続き……procedure/ 手续 / 절차 /thủ tục

登録……registration/ 登记 / 등록 /đăng ký

印鑑……personal seal/ 图章 / 인감 /con dấu

～に際し・～に際して・～に際しての

意味　～をする前に・～している時に

特別な出来事や大切なことをする時に使う表現。
Before ～・"When ～ happens. Expresses special event or important matter.
做……之前；做……的时候。用于特别场合和重要事情的时候。
～에 앞서・～에 즈음하여．특별한 사건이나 중요한 일을 할 때 쓰는 표현．
Trước khi bắt đầu..., Khi đang... Dùng khi có sự kiện đặc biệt hoặc sự việc quan trọng nào đó.

接続
V　辞書形
N
} ＋ に際し（て）～・に際してのN

<例>
①山本先生が退職するに際して、何か差し上げたいと思っている。
②契約に際し、この書類を必ずお読みください。
③この国では、大統領選挙に際して不正が行われないように監視されている。

退職する …… resign/ 退休 / 퇴직하다 /nghỉ việc
契約 …… contract/ 契约 / 계약 / hợp đồng
選挙 …… election/ 选举 / 선거 /bầu cử
不正 …… fraud/ 不正当 / 부정 /không công bằng
監視する …… monitor/ 监视 / 감시하다 /giám sát

第1週2日目

〜にあたって・〜にあたり

意味 〜をする前に・〜に際して

特別なことをする前の準備や、式典・行事などの改まった場で使う表現。

Before 〜・On the occasion of 〜. Expresses preparation for special event or something such as a formal ceremony/function.
在……的时候；处于……的情况下。说明为特殊的事情进行的准备，或用在典礼、仪式等的情况下。
〜에 앞서・〜에 즈음하여. 특별한 일을 하기 전의 준비, 식전・행사 등 격식을 차린 자리에서 쓰는 표현.
Trước khi..., trong khi... Biểu thị sự chuẩn bị cho một sự kiện đặc biệt nào đó. Và sử dụng trong các nghi lễ trang trọng.

接続 V 辞書形 / N + にあたって・にあたり

<例> ①テレビに出演するにあたって、2時間かけてメイクをした。

②就職するにあたり、スーツを3着買った。

③開会にあたってのご挨拶を社長の水野から申し上げます。

出演する …… appear / 演出 / 출연하다 / xuất hiện

就職する …… get a job / 就业 / 취직하다 / có việc làm

～に先立って・～に先立ち・～に先立つ

意味　～の前に

何かを始める前にすることを表す。特別なことを言うことが多く、日常的なことにはあまり使わない。

Before ～ . Expresses that something is done before something else. Generally used for special events rather than everyday things.
在……之前。表示在开始某事之前要做的事情。多用于特殊场合，不能用于日常生活。
～에 앞서. 어떤 일을 시작하기 전에 하는 일을 나타낸다. 주로 특별한 일을 말할 때 많이 쓰이며 일상적인 일에 대해서는 그다지 쓰이지 않는다.
Trước khi... Chỉ một sự việc xảy ra trước khi bắt đầu một sự việc nào đó. Phần lớn là sử dụng trong trường hợp nói về sự việc đặc biệt, ít khi sử dụng để nói sự việc thường ngày.

接続　V 辞書形 ／ N ＋ に先立って・に先立ち・に先立つN

<例> ①試合を始めるに先立ち、両チームの代表が選手宣誓をした。
　　 ②講演を行うに先立って、主催者が挨拶をした。
　　 ③留学に先立つ出費は100万円以上だった。

代表 …… representative/ 代表 / 대표 /đại diện
選手宣誓 …… pledge for fair play/ 选手誓言 / 선수 선서 /tuyên thệ
講演 …… lecture/ 演讲 / 강연 /thuyết trình
主催者 …… organizer/ 主办者 / 주최자 /người chủ trì
出費 …… expense/ 费用 / 비용 /phí

第1週 2日目 確認テスト

問題1　正しいものに○をつけなさい。

1) 図書館を利用した {a. 際して　b. 際に}、身分証明書を見せた。
2) 卒業式は大講堂 {a. にあたって　b. において} 行われた。
3) 株式公開 {a. 以来　b. に先立って} 社内で説明会をすることになっている。
4) 社会人になる {a. にあたって　b. にあたっての} 一人暮らしを始めた。
5) 結婚式 {a. に先立って　b. に先立つ} お互いの親族を紹介した。

株式公開 …… introduction of share/ 公开股票 / 주식 공개 /công khai cổ phần

親族 …… relatives/ 亲属 / 친척 /họ hàng

問題2　(　　)に入る適当な言葉を[　　]から選びなさい。同じ言葉は一度しか使えません。

| において | に先立って | にわたって | 際に |

1) 研究会（　　　　）司会の方が挨拶をした。
2) 現代（　　　　）パソコンは不可欠なものだ。
3) 京都へ行った（　　　　）お世話になった先生を訪ねた。
4) シュバイツァーは50年（　　　　）アフリカで医療活動をした。

司会 …… moderator/ 主持人 / 사회 /chủ tịch

現代 …… modern age/ 现代 / 현대 /hiện nay

不可欠な …… vital/ 不可缺少 / 없어서는 안 될 /không thể thiếu

シュバイツァー …… Schweitzer/ 艾伯特・史怀哲 / 슈바이처 /Schweitzer (tên người)

医療活動 …… medical activity/ 医疗活动 / 의료 활동 /hoạt động chữa bệnh

問題3　どちらか適当なものを選びなさい。

1）帰国にあたって、 ｛ a. ありがとうございます。
　　　　　　　　　　 b. 皆さんに一言お礼を言わせてください。

2）海外旅行に先立って、 ｛ a. 保険に加入しておいた。
　　　　　　　　　　　　 b. 保険に加入しないで出発した。

3）お申し込みの際に、 ｛ a. パスポートをお持ちください。
　　　　　　　　　　　 b. 明日から使えるようになったので安心した。

保険 …… insurance/ 保险/ 보험 /bảo hiểm
加入する …… take out/ 参加/ 가입하다 /tham gia

33ページで答えを確認！

得点 ／12

（第1週1日目の解答）
問題1　1）a　2）b　3）a　4）a　5）a　6）a
問題2　1）にかけて　2）て以来　3）において　4）にわたって
問題3　1）c　2）a

第1週 3日目

〜最中に／〜うちに／〜ところに／〜かけだ

途中の時点を表すもの

〜最中に・〜最中だ

意味 ちょうど〜しているときに

何かが進行中のときに、進行していたことが止まるような他の何かが起こることを表す。

Just as 〜 is happening. Expresses that something stops another thing already in progress.

正在……中。表示正在做某事的时候，突然发生意外而停止正在进行的事情。

마침 ~하고 있을 때. 어떤 일이 진행되고 있을 때, 그 일을 중단해야 할 다른 일이 생김을 나타낸다.

Ngay trong lúc đang làm việc gì đó. Khi đang tiến hành một việc gì đó thì một sự việc khác xảy ra gây cản trở cho sự việc đó.

接続　V ている形 ／ Nの ＋ 最中に・最中だ

<例>
① 食事をしている最中に友達が訪ねてきた。
② 会議の最中に携帯電話が鳴った。
③ 今パソコンで調べ物をしている最中だから、あとで話しましょう。

調べ物 …… research/ 查找资料 / 조사 /nghiên cứu

～うちに・～ないうちに

(1) ～うちに

意味　～の間に

何かしている間に変化が起こることを表す（例①②）。または今の状態の間に（その状態が変わる前に）何かをしておくことを表す（例③④⑤）。

While ～ . Expresses that some change happens while someone is doing something (Ex. 1, 2), or getting something done in the present situation (before it ends).

在……期间。表示正在做某事的时候而发生了变化（例①②）。也表示在目前的状态下,（状态改变之前）做某事（例③④⑤）。

～동안・사이에. 무언가를 하는 사이에 변화가 일어나거나 (예 ①②), 또는 현상태에서 (현상태가 변하기 전에) 무언가를 해 두는 것을 나타낸다 (예 ③④⑤).

Trong lúc..., trong khi... Biểu thị có sự thay đổi, biến đổi trong khoảng thời gian làm việc gì đó (ví dụ 1,2). Hoặc làm việc gì đó trong trạng thái hiện tại (trước khi trạng thái đó thay đổi)(ví dụ 3, 4, 5).

接続　V　辞書形・ている形
　　　　イAい
　　　　ナAな
　　　　Nの
　　　　　　　　　　　　＋　うちに

<例>
① 休まないで何度も練習するうちに、だんだん上手になりますよ。
② 友達と話しているうちに、悲しくなってきた。
③ 東京にいるうちに、一度浅草へ行ってみたい。
④ 朝のうちに草木に水をやろう。
⑤ 若いうちに、海外旅行をたくさんしておきたい。

(2) ～ないうちに

意味　～の前に

その状態が変わる前に（今の状態の間に）、何かをすることを表す。

Before ～ . Expresses that something is done before situation changes (in the present).

趁……的时候。表示状态变化之前（现在的状态之下）做某些事情。

~ 하 (되) 기 전에. 지금 상태가 다른 상태로 변하기 전에 무언가를 해두는 것을 나타낸다.

Trước khi... Làm việc gì đó trong trạng thái hiện tại (trước khi trạng thái đó thay đổi).

接続　V　ない形　＋　ないうちに

<例>
① 暗くならないうちに、家に帰ろう。
② 忘れないうちにメモしておいた。

第 1 週 3 日目

～ところに・～ところへ・～ところを

意味 ちょうど～とき・～という状況に

その状況を変化させるようなことが起こることを言うことが多い。

Just when ～ happened, in the ～ situation. Often used for something that causes another situation to change.
正当……，正在……的时候。多用于为了改变某种状况而发生的事情。
마침～할 때・～한 상황에．주로 그 상황을 변화시키는 일이 일어남을 나타낸다．
Đúng lúc, đúng địa điểm, đúng hoàn cảnh... Thường biểu hiện sự việc xảy ra làm thay đổi hoàn cảnh đó.

接続
V　辞書形・た形・ている形
イAい
Nの
＋ ところに・ところへ・ところを

<例>
① ジョンさんと話したいと思っていたところにそのジョンさんが現れた。
② 休日に気持ちよくコーヒーを飲んでいるところへ仕事の電話がかかってきた。
③ 隣の家の怒鳴り声で、寝ているところを起こされた。
④ いいところに来てくれた。この荷物、重いんだ。運ぶの手伝ってよ。
⑤ ご多忙のところを、また休日ですのに、来ていただいてありがとうございます。

➡ ～たところ［第2週1日目］p.49

現れる …… show up/ 出現 / 나타나다 /xuất hiện
怒鳴り声 …… angry shout/ 怒吼声 / 고함치는 소리 /tiếng kêu thét
多忙な …… busy/ 繁忙 / 몹시 바쁜 /rất bận

～かけだ・～かけの・～かける

意味　～し始めたが、まだ終わっていない

ある動作を始めたが、途中の状態で、まだ終わっていないことを表す。

Began ～ , but has not finished. Expresses that an action which has been begun is, at present, not completed.

刚……。表示刚开始某个动作，正在进行中并没有结束。

～하기 시작했으나 아직 끝나지 않았다. 어떤 동작을 시작했으나 아직 끝나지 않은 도중 상태임을 나타낸다.

Chỉ trạng thái giữa chừng, mới bắt đầu..., nhưng chưa kết thúc...

接続　V ます形　＋　かけだ・かける・かけのN

<例>
① サンドイッチを食べかけでテーブルに置いたまま出掛けてしまった。
② 彼女は何か言いかけたが、高橋さんの顔を見て話すのをやめてしまった。
③ 昔の友達と話していて、忘れかけていた夢を思い出した。
④ 読みかけの本が机の上に置いてある。

第1週 3日目

確認テスト
かくにん

問題1　正しいものに○をつけなさい。

1) 学生の {a. 最中に　b. うちに} 思いきり遊んでおこう。
2) その国を旅行する {a. 際は　b. 最中は} ビザを申請しなければならない。
3) この報告書はまだ {a. 書きかけます　b. 書きかけです}。
4) 友人にメールを {a. 書く　b. 書いている} 最中に、その友人からメールが来た。
5) {a. お疲れのところを　b. お疲れところを} 申し訳ありません。

思いきり …… to one's heart's content/ 彻底 / 마음껏 /dứt khoát, quyết tâm

申請する …… apply/ 申请 / 신청하다 /xin cấp

報告書 …… report/ 报告书 / 보고서 /bản báo cáo

問題2　（　　）に入る適当な言葉を ▭ から選びなさい。同じ言葉は一度しか使えません。

| 最中に | うちに | ところを | かけの |

1) 新しい商品をすぐに買ってしまうので、使い（　　　　）化粧品がたくさんある。
2) 知らない（　　　　）会社のパソコンにウィルスが入ってきていた。
3) たばこを吸っている（　　　　）先生に見られてしまった。
4) 海外旅行をしている（　　　　）パスポートをなくしてしまって大使館へ行った。

化粧品 …… cosmetics/ 化妆品 / 화장품 /mỹ phẩm

ウィルス …… virus/ 病毒 / 바이러스 /vi rút

問題3 （　　）に入る最も適当なものを一つ選びなさい。

1）旅行の予定を話し合っているところに（　　）。
　　a. 会議室です
　　b. 楽しみだ
　　c. 吉田さんがやってきた

2）雑誌を読みかけて（　　）。
　　a. 急いで読んだ
　　b. 寝てしまった
　　c. 夢中になった

3）（　　）友達から電話があった。
　　a. シャワーを浴びている最中に
　　b. シャワーを浴びているうちに
　　c. シャワーを浴びかけているうちに

39ページで答えを確認！

得点　　／12

（第1週2日目の解答）
問題1　1）b　2）b　3）b　4）a　5）a
問題2　1）に先立って　2）において　3）際に　4）にわたって
問題3　1）b　2）a　3）a

第1週 4日目

〜次第／〜たとたん／〜かと思うと／〜か〜ないかのうちに

今日は、「すぐ後で」の意味のもの

〜次第

意味 〜したらすぐに…する

〜が終わったら、すぐに次のことをする意志を伝える。後文はこれからすること、意志的な行為を表す文になる。そのため後文は過去形「〜ました」や推量「〜だろう」は使えない。

When 〜 is finished, someone has intention to do 〜 soon after. What follows expresses something that one has decided to do, so it cannot use the past tense 〜ました or speculative だろう .

马上就……。用于表达……结束，马上就开始下面的事情。后面接续，表示从现在开始就要做某事的语句。因此，后面不能使用过去式「〜ました」和推测「〜だろう」。

〜하는 대로 … 하다 . 〜이 끝나는 대로 곧 다음 일을 할 의지를 전달하는 표현 . 뒤에는 앞으로 할 일 , 의지적인 행위를 나타내는 문장이 온다 . 때문에 뒤 문장에는 과거형「〜ました」나 추량「〜だろう」는 오지 못한다 .

Ngay khi... Chỉ việc làm tiếp theo ngay sau khi kết thúc việc gì đó. Vế sau thể hiện hành động mang tính ý chí, sẽ làm kể từ bây giờ. Do vậy, không thể sử dụng dạng quá khứ 〜ました hay dạng phỏng đoán 〜だろう trong vế sau của câu.

接続

V ます形 ／ N ＋ 次第

<例>

① 新しい連絡先が決まり次第、お電話します。

② 新郎新婦が会場に着き次第、パーティーを始めますので、少しお待ちください。

③ ご予約は定員になり次第、締め切らせていただきます。

④ メーカーから商品が到着次第、お客様に発送します。

➡ 〜次第だ［第2週2日目］p.55
〜次第で・〜次第では・〜次第だ［第5週1日目］p.134

新郎新婦 …… bride and groom/ 新郎新娘 / 신랑 신부 /cô dâu và chú rể
定員になる …… reach the fixed number/ 满员 / 정원이 차다 /đủ số người
締め切る …… stop accepting applications/ 结束 / 마감하다 /ngừng nhận
メーカー …… manufacturer/ 厂商 / 업체 /nhà sản xuất
発送する …… send off/ 发送 / 발송하다 /gửi

～たとたん・～たとたんに

意味　～するとすぐに・～とほとんど同時に

前文は状態や継続、習慣を表す文（例：家にいる、本を読んでいる）は来ない。驚きや意外な気持ちを含むので、後文で話し手の意思・命令は表さない★。

Happens soon after ～・At almost the same time as ～. Preceding sentence does not express condition, continuing action, or habit (E.g. being at home, reading a book). Includes surprise/unexpected feelings, so what follows will not express will or order of speaker.

正当……时候；刚……的时候。前面不能接续，表示状态和连续、习惯（例如：在家里，正在读书）的语句。带有惊讶和意外的意思，后面的语句不能表达说话人的意思・命令。

~하자마자・~와 거의 동시에. 앞 문장에 상태나 계속, 습관을 나타내는 표현은 (예: 집에 있다, 책을 읽고 있다) 오지 않는다. 놀람과 의외의 뜻을 포함하므로, 뒤 문장에 말하는 사람의 의사나 명령을 나타내는 표현은 오지 않는다.

Ngay sau..., ngay khi... Vế trước của câu không được thể hiện trạng thái, sự việc tiếp tục hay thói quen chẳng hạn như: ở nhà, hay đang đọc sách... Do thể hiện sự ngạc nhiên và cảm giác bất ngờ, ngoài dự tính cho nên vế sau của câu không thể hiện hành động hay ý chí, mệnh lệnh của người nói.

接続　V　た形　＋　とたん（に）

<例>　①ゴールに入ったとたん、大きな拍手が起こった。

　　　②飛行機を降りたとたんに、その国のにおいがした。

　　　③大雨のため試合中止が決定したとたんに、雨がやんで晴れてきた。

★こんな文はだめ！

×家に帰ったとたん、シャワーを浴びよう。

拍手 …… applause/ 鼓掌 / 박수 /vỗ tay

～かと思うと・～かと思ったら・～と思うと・～と思ったら

意味　～するとすぐに・～とほとんど同時に

～が起こった直後、または～の状態の直後に次のことが起こる。話し手の驚きや意外な気持ちを言うので、後文では話し手の意思・命令や行動については言えない★。

Happens immediately after ～ ・ At almost the same time as ～ . Something that occurs immediately after ～ finishes, or immediately after some situation. Includes surprise or unexpected feelings of the speaker, so what follows cannot express will or intention.

正当……时候；刚……的时候。～刚刚发生后，还在～的状况下，就发生下面的情况。用来表达说话人惊讶和意外的心情，后面的语句不能表达说话人的意思・命令和行动。

～하자마자・～와 거의 동시에．～이 일어난 직후, 또는 ～한 상황 직후에 다음 일이 일어남．말하는 사람의 놀람・의외의 뜻을 나타내므로 뒤 문장에 의사・명령 및 행동에 관한 표현은 오지 않는다．

Làm xong... ngay lập tức..., vừa thấy... thì... Một sự việc tiếp xảy ra ngay sau khi một sự việc gì đó xảy ra. Do thế hiện sự ngạc nhiên và cảm giác bất ngờ, ngoài dự tính cho nên vế sau của câu không thể hiện hành động hay ý chí, mệnh lệnh của người nói.

接続　V た形 ＋ かと思うと・かと思ったら・と思うと・と思ったら

<例> ①晴れたかと思うと、また雪が降り出した。今日は変な天気だ。

②あの子はさっきまで泣いていたかと思ったら、もう笑って遊んでいる。

③新入社員がやっと仕事を覚えてくれたと思ったら、会社をやめたいと言い出した。

★こんな文はだめ！

×晴れたかと思うと、すぐに出掛けなさい。

新入社員 …… new recruit/ 新职员 / 신입사원 /nhân viên mới

～か～ないかのうちに

意味　すぐに・～とほとんど同時に

～が起こった直後に次のことが起こる、またはほとんど同時に起こることを表す。前の動詞と後ろの動詞は同じことが多い。後文は意思や命令、「～だろう」は使えない。

Immediately. At about the same time as ～. Expresses that ～ happened immediately after, or at almost same time. Often uses same verb as preceding sentence. What follows will not have intention, order, or だろう.

正当……时候；刚……的时候。表示在～刚刚发生后，马上就发生下面的情况，几乎是同时发生。前后经常使用同一个动词。后面不能表示想法和命令的「～だろう」。

바로·～와 거의 동시에. ～이 일어난 직후에 다음 일이 일어남, 또는 거의 동시에 일어남을 나타낸다. 앞 문장과 뒤 문장에 같은 동사를 쓰는 경우가 많으며, 뒤 문장에 의지나 명령,「～だろう」는 오지 않는다.

Việc này chưa qua, việc khác đã xảy ra. Thể hiện một sự việc xảy ra ngay sau một sự việc nào đó hoặc thậm chí là hai sự việc gần như là xảy ra đồng thời. Thường thì động từ của vế trước giống với động từ của vế sau. Vế sau không sử dụng câu ý chí, mệnh lệnh và câu phỏng đoán ～だろう.

接続　V 辞書形・た形 ＋ か ＋ V ない形 ＋ ないかのうちに

<例>　①彼はたばこが好きで、1本吸い終わったか終わらないかのうちに2本目に火をつけた。
　　　②終了チャイムが鳴るか鳴らないかのうちに、彼は急いで教室から出て行った。
　　　③日が昇るか昇らないかのうちに、車で出発した。

（日が）昇る …… rise/ 太阳升起 /(해가) 뜨다 /mặt trời mọc

確認テスト

第1週 4日目

問題1　正しいものに○をつけなさい。

1) 私は昼食が {a. 終わってすぐに　b. 終わったかと思うと} 外出した。
2) お客様との話が {a. 終わったとたん　b. 終わり次第}、必ず会議に出席します。
3) 会社に {a. 戻ったとたんに　b. 戻り次第}、雨が降ってきた。
4) {a. 暖かくなって　b. 暖かくなった} と思ったら、しばらく寒い日が続いた。
5) 研究会が {a. 終了　b. 終了の} 次第、友人のお見舞いに行く。
6) 全部 {a. 食べ終わって　b. 食べ終わった} か終わらないかのうちに、店員が皿を持って行ってしまった。

問題2　(　　)に入る適当な言葉を□から選びなさい。同じ言葉は一度しか使えません。

かと思ったら　　次第　　とたんに　　かのうちに

1) 同点になった（　　　　　）、相手チームに2点入れられてしまった。
2) 建設中のビルが完成（　　　　　）、私達の会社は引っ越しをする。
3) 弟はこの間までサーフィンに夢中になっていた（　　　　　）、今はカメラに夢中だ。
4) 映画が始まるか始まらない（　　　　　）、隣の席の人は映画館から出て行った。

同点 …… even score/ 平局 / 동점 /cùng điểm số

建設中 …… under construction/ 正在建設 / 건설중 /đang xây dựng

問題3 （　　）に入る最も適当なものを一つ選びなさい。

1) （　　）、会場にご案内します。
   a. 準備ができ次第
   b. 準備ができたとたんに
   c. 準備ができたかできないかのうちに

2) 帰ったとたんに（　　）。
   a. お腹がすいていたので食事をした
   b. 電話がかかってきた
   c. 寝るつもりだ

45ページで答えを確認！

得点　／12

・・

（第1週3日目の解答）
問題1　1) b　2) a　3) b　4) b　5) a
問題2　1) かけの　2) うちに　3) ところを　4) 最中に
問題3　1) c　2) b　3) a

第1週 5日目 ～たび／～ては／～につけ

繰り返しを表すもの

～たび・～たびに

意味 ～の時はいつも

～する時はいつも同じことになると言いたいときの表現。

Whenever ～ . Expresses that whenever ～ is done, same thing happens.
每次……。用来表示在做～的时候，每次都发生同样的状况。
～할 때마다．～할 때는 항상 같은 일이 반복됨을 나타내는 표현．
Mỗi khi, mỗi dịp, mỗi lần... Dùng để diễn đạt một việc làm lúc nào cũng giống nhau.

接続

V　辞書形
Nの
} ＋ たび（に）

<例> ①高橋さんは傘を持ち歩くのがきらいで、雨が降るたび新しい傘を買う。
②幼なじみの彼女は会うたびにきれいになっていく。
③会議のたびにコピーをたくさんしなければならない。

幼なじみ …… childhood friend/ 青梅竹马 / 소꿉친구 /bạn thuở nhỏ

〜ては

意味　〜した後はいつも

２つの連続した動作が繰り返されることを言う。

Whenever 〜 happened. Expresses that two sequential actions are repeated.
一……就。用于说明两个连续动作的反复。
〜한 후에는 항상. 두 가지 연속되는 동작이나 작용이 반복해서 일어남을 나타낸다.
Hễ sau khi... lại..., cứ sau khi... lại... Thể hiện 2 sự việc liên tiếp được lặp đi lặp lại.

接続　Ｖ　て形　＋　は

<例>
① 妹はダイエットしてはリバウンドで太るので体重の増減が激しい。
② 昔の写真を見てはその頃を思い出して、なかなか片付けが終わらない。
③ 卒業論文を書いているが、書いては消し書いては消しの繰り返しだ。

リバウンド ······ weight rebound/ 反弹 / 리바운드 /tăng cân trở lại

増減 ······ increase and decrease/ 增减 / 증감 /sự tăng giảm

論文 ······ thesis/ 论文 / 논문 /luận văn

繰り返し ······ repeat/ 反复 / 되풀이하다 /lặp đi lặp lại

〜につけ・〜につけて・〜につけても

(1) 〜につけ

意味　〜の場合はいつも

〜の時いつも同じ気持ちになることを言う。後文は感情や思考を表す内容になる★。

Whenever 〜 . Whenever 〜 is done, one always has the same feeling. What follows will contain feeling or thought.
无论……。说明做〜的时候，每次都有同样的感受。后面的语句用于表现感情和想法。
〜할 때에는 언제나 . 〜할 때마다 늘 같은 생각이 드는 것을 말한다 . 뒤에는 감정이나사고를 나타내는 문장이 온다 .
Mỗi lần làm... Thể hiện tâm trạng giống nhau mỗi khi... Vế sau thường có nội dung thể hiện tư tưởng, tình cảm.

接続　V　辞書形　+　につけ

<例>　①オリンピック選手の活躍を見るにつけ、勇気が出てくる。

　　　　②この国の子供達の生活を知るにつけ、私も何かの役に立ちたいと強く思う。

慣用　「何か」「何事」について「どんな場合でも」の意味になる。

<例>　①彼は何かにつけて文句を言って、仕事をしない。

　　　　②何事につけても基礎が大切だ。

★こんな文はだめ！
×困っている人を見るにつけ、助ける。

活躍　……　success/ 活跃 / 활약 /sự thành công

勇気　……　courage/ 勇气 / 용기 /dũng khí

文句　……　complaint/ 牢骚 / 불평 /phàn nàn

基礎　……　basics/ 基础 / 기초 /nền tảng

(2) ～につけ～につけ

意味　　～の場合（ばあい）も～の場合（ばあい）も

二つの対比（たいひ）した状況（じょうきょう）を並（なら）べて、「どちらの場合（ばあい）も…」という意味（いみ）を表（あらわ）す。

Whenever ～ and whenever ～ . Expresses two contrasting conditions, expressing "in both cases."

每逢……。列举两个对比的情况，表示「不论在哪种情况下」的意思。

~ 때도 ~ 때도 . 두 가지 서로 대립되는 상황을 나열해「어떤 경우에도…」라는 뜻을 나타낸다.

Trong trường hợp nào cũng... Thường có 2 tình trạng đối xứng nhau để thể hiện ý nghĩa là: Cho dù là trường hợp nào đi nữa cũng...

接続

$$\left.\begin{array}{l} V\ 辞書形（じしょけい）\\ イAい\\ N \end{array}\right\} + につけ \left.\begin{array}{l} V\ 辞書形（じしょけい）\\ イAい\\ N \end{array}\right\} + につけ$$

<例（れい）>
① 酔（よ）っ払（ぱら）い運転（うんてん）のニュースを見（み）るにつけ聞（き）くにつけ、怒（いか）りを感（かん）じる。
② 嬉（うれ）しいにつけ悲（かな）しいにつけ、私（わたし）は何（なに）かあるといつもこの歌（うた）が聞（き）きたくなる。
③ 暑（あつ）い夏（なつ）につけ寒（さむ）い冬（ふゆ）につけ、体（からだ）が弱（よわ）い母（はは）の体調（たいちょう）が心配（しんぱい）になる。

酔（よ）っ払（ぱら）い運転（うんてん） …… drunk driving/ 酒后驾驶 / 음주 운전 /lái xe khi say xỉn

怒（いか）り …… anger/ 愤怒 / 노여움 /cơn tức giận

第1週 5日目

確認テスト
かくにん

問題1　正しいものに○をつけなさい。

1）子供の自殺のニュースを聞く｛a. ては　b. につけ｝悲しくなる。
2）正月｛a. のたびに　b. につけ｝、毎年田舎へ帰っている。
3）お帰りの｛a. 際に　b. たびに｝、傘など忘れないようにお気をつけください。
4）新しい電話番号が｛a. 分かり次第　b. 分かっては｝ご連絡いたします。
5）この都市は｛a. 訪問する　b. 訪問した｝たびに、発展しているのが分かる。
6）彼女の活躍を｛a. 知った　b. 知る｝につけ、私もまたがんばろうという気持ちになる。

> 自殺 …… suicide/ 自杀 / 자살 /tự sát
>
> 発展する …… develop/ 发展 / 발전하다 /phát triển

問題2　(　　)に入る適当な言葉を□□□から選びなさい。同じ言葉は一度しか使えません。

| たびに　　ては　　につけ |

1）兄弟げんかをし（　　　　　）、よく母に叱られた。
2）このソフトはパソコンの電源を入れる（　　　　　）初期化するものだ。
3）旅行で出会った人たちの笑顔を思い出す（　　　　　）、幸せな気持ちになる。

> 初期化する …… initialize/ 初始化 / 초기화하다 /khởi đầu
>
> 笑顔 …… smile/ 笑脸 / 웃는 얼굴 /khuôn mặt tươi cười

問題3 （　　）に入るものとして間違っているものを一つ選びなさい。

1）雨につけ風につけ、（　　）。

    a. どちらが好きですか

    b. 畑の野菜が倒れないかと心配になる

    c. 故郷の海が思い出される

2）学生の頃、アルバイトをしてお金をためては（　　）。

    a. 海外旅行をしていた

    b. 将来が不安だった

    c. よく本を買った

3）（　　）家族にお土産を買う。

    a. 出張のたびに

    b. 出張へ行くたびに

    c. 出張へ行っているたびに

51ページで答えを確認！

得点　／12

（第1週4日目の解答）
問題1　1）a　2）b　3）a　4）b　5）a　6）b
問題2　1）とたんに　2）次第　3）かと思ったら　4）かのうちに
問題3　1）a　2）b

第2週 1日目

～てからでないと／～てはじめて／～上で（は）／～たところ

「～した後で」を表すもの

～てからでないと・～てからでなければ

意味 ～した後でなければ

「Aてからでないと（てからでなければ）B」の形で、「Aが終わった後でなければBができない」「Aを先にしなければならない」という意味になる。Bは困難なこと（例①）や不可能の意味の否定的表現（例②）、良くないこと（例③）が来ることが多い。

Something must be done after ～. Follows pattern "A てからでないと（てからでなければ）B," so it means "Until A is finished, B cannot be done" or "A must be done first." In most cases B is a difficulty (Ex. 1), expression indicating impossibility (Ex. 2), or unfortunate thing (Ex. 3).

没……之前。用「A てからでないと (てからでなければ)B」的形式、有「不完成 A 的话 B 也不能完成」有「先不得不做 A」的意思。B 是难题 (例①) 和不可能的否定表现 (例②)、经常用于不好的事情 (例③)。

～이 끝나고서야 .「A てからでないと (てからでなければ)B」의 꼴로「A 가 끝나지 않으면 B 를 못한다」「A 를 먼저 해야 한다」는 뜻을 나타낸다 . B 는 곤란한 일 (예①) 이나 불가능한일을 나타내는 부정 (예②), 좋지 못한 일 (예③) 인 경우가 많다 .

Có nghĩa là: Nếu chưa làm xong A thì không làm được B, phải thực hiện A trước. Thường vế B sẽ thể hiện khó khăn (ví dụ 1), thể hiện ý phủ định, thể hiện là không có khả năng (ví dụ 2), thể hiện việc không tốt (ví dụ 3).

接続 V て形 ＋ からでないと・からでなければ

<例> ①十分に勉強をしてからでなければ、この試験に合格することは難しい。

②もっとよく調べてからでないとお返事できません。

③先生にやり方を聞いてからでないと失敗するよ。

～てはじめて

意味　　～してから・～した後で

あることを経験した後やあることが起こった後で、何かが分かったり何かに気付いたりしたときによく使う表現。後文には意志や依頼の表現は来ない★。

After ～・After finishing ～. Often used to express that one understood or noticed something after experiencing something or something happening. What follows will not contain intention or request.

之后……；才……。用于说明经过或发生某种事情后，领会和感受到什么时使用。后面不能接续表现意志和委托的语句。

～하고 나서・～한 후에야. 어떤 일을 경험한 뒤, 또는 어떤 일이 일어난 후에야 비로소 무언가를 알거나 깨달았을 때 잘 쓰는 표현. 뒤 문장에 의지나 의뢰 표현은 오지 않는다.

Kể từ sau khi... Dùng khi muốn thể hiện là sau khi có kinh nghiệm về việc gì đó hay sau khi việc gì đó xảy ra thì hiểu ra điều gì đó hoặc quan tâm, để ý đến việc gì đó. Vế sau của câu không dùng cách biểu hiện ý chí hay yêu cầu.

接続　　V て形 ＋ はじめて

＜例＞　①病気になってはじめて、健康の大切さを実感した。
　　　　②海外に住んでみてはじめて、自分の国のことをあまり知らないことに気付いた。
　　　　③このプロジェクトは、全社員が協力してはじめて成功するのだ。

★こんな文はだめ！
×会社に入ってはじめて、一人暮らしをしよう。

健康 …… health/ 健康 / 건강 /sức khỏe

実感する …… realize/ 体会到 / 실감하다 /nhận ra

成功する …… succeed/ 成功 / 성공하다 /thành công

第2週1日目

～上で（は）・～上の・～上でも・～上での

（1） 意味　～してから

先に～をして、その結果で次のことをすると言いたいときの表現。前文と後文の動作主は同じ人になる★。後文には意志的な動作を言う。

After ～. Expresses that one thing is done first, and the next thing will be based on the result. What precedes and follows will have same person as subject. What follows will contain action with intention.

在……之后。用于表现先做～，根据结果，再做其他事情时使用。前后语句的动作主体是同一个人物。后面接续表现意志的行为。

～하고 나서. 먼저 ～한 후, 그 결과에 따라 다음에 할 일을 결정하고자 할 때 쓰는 표현. 앞 문장과 뒤 문장의 동작주는 같은 인물이며, 뒤 문장에는 의지적 동작이 온다.

Xong... rồi... Cách thể hiện khi muốn diễn đạt một việc gì đó trước và kết quả của việc đó dẫn đến việc tiếp theo. Chủ thể của vế trước và vế sau câu là một người. Vế sau thể hiện hành động ý chí.

接続　V た形／Nの ｝＋ 上で・上のN

<例>
① この件については、上司と相談した上でお返事いたします。
② よく考えた上の結論ですから、気持ちが変わることはありません。
③ この車は何回もの試運転の上で作られた。

★こんな文はだめ！
× 部長が外出から戻った上で、私はランチを食べに行った。

（2） 意味　～の面で・～の範囲で

「ある条件や情報によれば」と言いたいときの表現。

Aspect of ～・Range of ～. "Depending on some condition or information."

……上；在……方面。想说明「根据某种条件或情况」时使用。

～의 면에서・～의 범위에서.「어떤 조건이나 정보에 의하면」이라는 뜻.

Về mặt, phương diện, phạm vi... Dùng khi muốn nói là dựa theo điều kiện, thông tin nào đó.

接続　Nの ＋ 上で・上でのN

<例>
① あの二人は戸籍の上では、まだ結婚していない。
② 彼とは仕事の上での付き合いしかないので、プライベートなことは分からない。

➡ ～上・～上は・～上も［第5週2日目］p.142
　～上は［第7週4日目］p.213
　～うえ・～うえに［第9週4日目］p.272

試運転 …… test drive/ 试运转 / 시운전 /chạy thử
戸籍 …… census register/ 户口 / 호적 /hộ khẩu

～たところ

意味　～したら・～した結果

あることをして、その結果どうだったかを言う表現。後文は「その結果…だと分かった」「～したら、偶然…になった」という意味の文が来る場合（例①②）と、「～したのに、結果は予想と違って…」という逆接的な意味の文が来る場合（例③）がある。

After doing ～ ・ the result of ～ . Expresses the result of something that was done. What follows will be "understood ～ from the result" or "after ～ , ～ happened by chance" (Ex. 1, 2), or something contradictory like "despite doing ～ , something unexpected happened" (Ex. 3).

当……的时候。……结果。用于表现做某事后的结果如何。后面的语句带有「如果……话，就知道会有这种结果」「如果做了……话，偶然得出的结论」意思的情况下（例①②），同「做了……,结果却和预想的不同」有时会出现意思完全相反的语句（例③）。

~하면・~한 결과. 어떤 일을 한 결과 어떻게 되었는지를 나타내는 표현. 뒤에는「그결과…라는 것을 알았다」「~하니까 우연히 ... 가 되었다」는 뜻의 문장이 오는 경우（예①②）와「~했는데, 결과는 예상과는 달리…」라는 역접적인 뜻을 나타내는 문장이 오는 경우（예③）가 있다.

Sau... Cách thể hiện là sau khi làm cái gì đó thì kết quả sẽ như thế nào đó. Vế sau của câu thường mang ý nghĩa là: Sau khi... thì hiểu ra là... sau khi...thì tình cờ xảy ra...(như ví dụ 1, 2) hay có ý nghĩa đối ngược là: Sau khi... thì kết quả trái hẳn dự tính (như ví dụ 3).

接続　Ｖ た形 ＋ ところ

<例>
① パーティーへ友達を連れて行っていいかどうか聞いてみたところ、ぜひ一緒に来てくださいという返事だった。

② 毎朝ジョギングを始めたところ、走るだけではなく、早起きも得意になった。

③ 子供の頃、嘘をついてはいけないと思って、お金をなくしたことを父に正直に話したところ、ひどく叱られた。

➡ ～ところに・～ところへ・～ところを ［第1週3日目］p.30

正直に …… honestly/ 坦白的 / 솔직하게 /thẳng thắn

確認テスト

第2週 1日目

問題1　正しいものに○をつけなさい。

1) 一回自分でやって {a. からでないと　b. はじめて}、私にも使い方は分からない。
2) 暦の {a. 上では　b. ところは} 春なのに、まだ寒い日が続いている。
3) よく {a. 考えた上で　b. 考えてはじめて}、決めてください。
4) 祖母に手作りのかばんをプレゼント {a. したところ　b. した上で}、とても喜んでくれた。
5) 父が {a. 帰ってきた上で　b. 帰ってきてから}、母が出掛けた。

> 暦 …… calendar/ 日历 / 달력 /lịch

問題2　(　　)に入る適当な言葉を □ から選びなさい。同じ言葉は一度しか使えません。

| てからでないと　　てはじめて　　た上で　　たところ |

1) 必要書類を準備して電話予約し(　　　　　)、受付まで来てください。
2) 話をよく聞い(　　　　　)、アドバイスするのは難しい。
3) 日本に来(　　　　　)地震を体験した。
4) パソコンに詳しい高橋さんに聞いてみ(　　　　　)、彼にも分からないということだった。

> 体験する …… experience/ 体验 / 체험하다 /trải nghiệm
> ～に詳しい …… familiar with/ 精通～ / ～에 정통한 /hiểu tường tận về

問題3 （　　）に入る最も適当なものを一つ選びなさい。

1) お金を払ってからでなければ（　　）。
   a. チケットを発行します
   b. チケット発行が可能です
   c. チケットは発行されません

2) 会議が始まる時間に会議室へ行ったところ、（　　）。
   a. 誰も来ていなかった
   b. 忙しかったはずだ
   c. 始められない

3) 部下の話を聞いた上で、（　　）。
   a. どうするか決めるつもりだ
   b. 問題が大きいことに気付いた
   c. その部下は泣き出した

発行（する）…… issue/ 发行 / 발행하다 /phát hành

部下 …… subordinate/ 部下 / 부하 /cấp dưới

57ページで答えを確認！

得点　　／12

(第1週5日目の解答)
問題1　1) b　2) a　3) a　4) a　5) a　6) b
問題2　1) ては　2) たびに　3) につけ
問題3　1) a　2) b　3) c

第2週 2日目

～た末（に）／～あげく／～ぬく／～次第だ

「長い時間やって、最後にどうなったのか」に関係する言い方

～た末（に）・～た末の・～の末（に）

意味 長い間～した後で・～して最後に

いろいろなことをした後、または長い時間して最後にどうなったかを言う。

After doing ～ for a long time・as a result of ～. Expresses how something came out after various things happened, or doing something for long time.

结果……; 最终……。说明经历各种过程及长期坚持，最终得到的结果。

오랫동안 ~한 끝에・~한 뒤 결국. 여러가지 일을 한 결과, 또는 오랜 시간에 걸쳐 ~한뒤 마지막에어떻게 되었는지를 나타낸다.

Rất lâu sau khi... Thể hiện là sau khi làm rất nhiều hoặc sau một thời gian rất lâu cuối cùng kết quả thành như thế nào đó.

接続
V た形
Nの ｝ + 末（に）・末のN

<例> ①よく考えた末、日本で就職することに決めた。

②彼はいろいろな人からお金を借りた末に、いなくなってしまった。

③長時間にわたる話し合いの末、やっと意見がまとまった。

就職する …… get a job/ 就业 / 취직하다 /tìm việc làm

意見がまとまる …… reach an agreement/ 统一意见 / 의견이 일치되다 /thống nhất ý kiến

～あげく・～あげくに

意味 長い時間～したが結局・いろいろなことの最後に
後文には悪い結果や残念に思うことを言う。

Result of doing ～ for long time・result of various things. What follows will be bad result or one that is regretted.
……结果；结果是……。后面的语句用于说明不好的结果和令人遗憾的事情。
오랫동안 ~ 했으나 결국. 뒤에는 좋지 않은 일이나 유감을 나타내는 문장이 온다.
Sau một thời gian làm..., sau khi làm rất nhiều... rốt cuộc là... Vế sau thể hiện kết quả xấu và thể hiện sự tiếc nuối.

接続 V た形 / Nの ｝ + あげく（に）

<例> ① 妹は8年もアメリカで留学生活を送ったあげくに、今度はフランスに留学したいと言っている。

② あれこれ考えたあげく、値段が高いほうのパソコンを買ってしまった。

③ 長時間にわたる話し合いのあげく、何も決まらなかった。

第 2 週 2 日目

～ぬく

意味　最後（さいご）まで～する

がんばって最後（さいご）までやり終（お）えることを述（の）べる。「努力（どりょく）した」とか「徹底（てってい）してやった」という気持（きも）ちが入（はい）る表現（ひょうげん）。

Do something to the end. Expresses something overcome through effort. Includes feeling of "making an effort" or "doing thoroughly."
始终一贯。表示经过不断地努力，最终达到某种目的。用来表现「已经努力过了」或者「很彻底做了」的心情。
끝까지 ～해내다．무언가를 열심히 노력하여 끝까지 해냄을 나타낸다．「노력했다」혹은「철저하게 했다」는 심정이 담긴 표현．
Làm... đến cùng. Cố gắng đến cuối cùng làm... Thể hiện là: Đã nỗ lực, hoặc đã làm một cách triệt để.

接続　Ｖ ます形（けい） ＋ ぬく

<例（れい）>　①マラソンは最後（さいご）まで走（はし）りぬくことが大切（たいせつ）だ。
　　　②兄（あに）は考（かんが）えぬいてから行動（こうどう）する性格（せいかく）だが、私（わたし）は考（かんが）える前（まえ）に行動（こうどう）する性格（せいかく）だ。
　　　③フランス料理（りょうり）を知（し）りぬいた彼（かれ）が紹介（しょうかい）してくれた店だから、おいしいはずだ。

行動（こうどう）する …… act/ 行动/ 행동하다 /hành động

～次第だ

意味　…だから～になった

「理由があってこのような状態になった」と説明したいときの表現。改まったときに使う。
Because of... ～ happened. Used to explain that "a situation came about for this reason." Used in formal situations.
就是……才这样。用于说明「有理由才造成了这种情况」的时候。用于改变情况时使用。
…와 같은 이유로 ~하게 되었다.「이유가 있어 이렇게 되었다」고 설명할 때 쓰는 격식을 차린 표현.
Vì... nên... Dùng khi nói trang trọng, khi muốn giải thích là: Do lí do nào đó nên mới xảy ra tình trạng như thế này.

接続　V　辞書形・た形・ている形　+　次第だ

<例>　①先日のお礼を申し上げたくて、お手紙を差し上げる次第です。

　　　②社内でトラブルがあったと聞いて、急いで戻ってきた次第です。

慣用　イ形容詞などに接続することがある。

<例>　①私のミスでこのようなことになってしまい、お恥ずかしい次第です。

　　　②…。以上のような次第で、私がご挨拶することになりました。

➡　～次第［第1週4日目］p.34
　　～次第で・～次第では・～次第だ［第5週1日目］p.134

ミス ……　mistake/ 错误 / 실수 /lỗi

第2週 2日目 確認テスト

問題1　正しいものに○をつけなさい。

1) お会いして説明をしたほうがいいと思い、伺った { a. あげくです　b. 次第です }。
2) 何度も転職をした { a. 末に　b. あげくに }、やっと自分に合う仕事がみつかった。
3) 毎年、お祭りでは3時間 { a. 踊る次第だ　b. 踊りぬく }。
4) これはよく話し合った { a. 末の　b. 末に } 結論です。
5) 皆様にアンケート調査を行い、このように { a. 決まり　b. 決まった } 次第です。

転職をする …… change jobs / 更換工作 / 이직하다 / chuyển việc

結論 …… conclusion / 结论 / 결론 / kết luận

アンケート調査 …… inquiry survey / 民意調査 / 설문 조사 / bản điều tra

問題2　（　）に入る適当な言葉を　　　　から選びなさい。同じ言葉は一度しか使えません。

| あげく | 次第 | 末 | ぬく |

1) バスで12時間もかかる長旅の（　　）、やっとサバンナに着いた。
2) 新しい仕事だったので大変なこともあったが、やり（　　）ことができた。
3) 予想していなかったことですので、私達も驚いている（　　）でございます。
4) いろいろ悩んだ（　　）、残念だが、来月、国へ帰ることにした。

予想する …… expect / 預料 / 예상하다 / dự đoán

問題3　どちらか適当なものを選びなさい。

1）40km ウォーキング大会で 12 時間歩きぬいて、 ｛ a. とても疲れた。
　　　　　　　　　　　　　　　　　　　　　　　　 b. あきらめた。

2）高橋さんは、会議中に居眠りをしたり携帯電話で話したりしたあげくに、
　　｛ a. ずっと眠かった。
　　　 b. 会議室から出て行ってしまった。

3）｛ a. 嬉しいニュースをすぐにお伝えしたくて、 ｝ メールをした次第です。
　　 b. お返事を書くかどうかは、

大会 …… competition/ 大会 / 대회 /đại hội

あきらめる …… give up/ 放弃 / 포기하다 /bỏ cuộc

居眠りをする …… doze off/ 打瞌睡 / 졸다 /ngủ gật

---

63 ページで答えを確認！

得点 ／12

（第2週1日目の解答）
問題1　1）a　2）a　3）a　4）a　5）b
問題2　1）た上で　2）てからでないと　3）てはじめて　4）たところ
問題3　1）c　2）a　3）a

第2週 3日目 ～きり／～きる／～一方だ／～つつある

どんな進行状態かを示す表現

～きり・～きりだ

(1) 意味　～したあと、そのままで

その後の状態が変わらないことを表す。後文には、次に起こるはずのことがずっと起こらないことを示す文が来る。話し言葉では「～っきり」になることが多い。

Ever since ～. Expresses that the later situation does not change. What follows will express that what was expected to come next did not happen. In spoken language, ～っきり is often used.

从……以后就再也没有……。一直没……。表示做某事之后，情况没有发生变化。后面的语句表示应该发生的事情没有发生。「～っきり」多用于口语。

~ 한 이후 그대로. 뒤에는 그것을 마지막으로 다음에 예상되는 변화가 일어나지 않음을 나타내는 문장이 온다. 구어에서는「～っきり」의 꼴로 쓰이는 경우가 많다.

Sau khi làm gì đó thì trạng thái...cứ thế tiếp diễn (không thay đổi). Vế sau của câu thể hiện là việc gì đó đáng lẽ xảy ra nhưng mãi không xảy ra. Trong văn nói thường hay dùng là ～っきり.

接続　V た形 ＋ きり・きりだ

<例>
① 昨日の昼ごはんを食べたきり、何も口に入れていない。
② 友達にお気に入りのまんがを貸したきりで、返ってこない。
③ 田村さんには、卒業式で会ったきりだ。

(2) 意味　～だけ

とても少ないことを表す。話し言葉では「～っきり」になることが多い。

Only ～. Expresses a small quantity or frequency. In spoken language, ～っきり is often used.

只……。仅……。表示很少。「～っきり」多用于口语。

~ 뿐. 매우 적음을 나타냄. 구어에서는「～っきり」의 꼴로 쓰이는 경우가 많다.

Chỉ có... (thể hiện việc gì đó rất hiếm). Trong văn nói thường hay dùng là ～っきり.

接続　N ＋ きり

<例>
① 二人きりで誕生日をお祝いした。
② 残っているお金はこれきりだ。

お祝いする …… celebrate / 祝贺 / 축하하다 / chúc mừng

〜きる・〜きれる・〜きれない

意味　最後まで〜する

「〜きる」は、ある動作を「完全にやり終える」ことや「十分に・すっかり〜する」ことを表す。「〜きれる」は「〜きる」の可能形。「〜きれない」は「完全には〜できない」の意味になる。

Use up/do completely. 〜きる means to "do completely" or "enough/fully." 〜きれる is the potential form of 〜きる . 〜れない means "cannot be done completely."

……完。「〜きる」表示,将某个动作「终于完成了」和「完完全全地完成了」。「〜きれる」是「〜きる」的可能形。「〜きれない」是「不了,不完」的意思。

끝까지 〜 해내다.「〜きる」는 어떤 동작을「완전히 해내다」「충분히 〜 하다」라는 뜻을 나타낸다.「〜きれる」는「〜きる」의 가능형.「〜きれない」는「완전히는 〜 할 수 없다」는 뜻을 나타낸다.

Hoàn toàn, hết cả... 〜きる là cách nói thể hiện một hành động nào đấy là: Kết thúc toàn bộ, hay làm xong hết. 〜きれる là thể khả năng của 〜きる . 〜きれない nghĩa là: không thể làm hết.

接続　V　ます形　+　きる・きれる・きれない

<例>
① 先月の給料はもう使いきった。
② 彼のことを信じきっていたので、不安はありませんでした。
③ 試合で自分たちの力が出しきれたので、勝つことができたと思う。
④ こんなにたくさんの料理は食べきれない。

給料 …… salary/ 工资 / 급료 /lương

〜一方だ
いっぽう

意味　どんどん〜なる

変化が続いていて止まらないことを表す。「増える・減る・上がる・広がる・進む・〜になる・〜くなる・〜ていく」などの変化を表す動詞につく★。よくないことを言うことが多い。

Gradually becomes 〜. Expresses a continuing, gradual change. Used with verbs that express change, such as 増える・減る・上がる・広がる・進む・〜になる・〜くなる・〜ていく. Often used with unfortunate things.

越来越……。表示不断变化。经常与「増える・減る・上がる・広がる・進む・〜になる・〜くなる・〜ていく」等表示变化的动词相接。多用于说明不好的事情。

점점〜해 지다. 변화가 계속되어 멈추지 않음을 나타낸다. 「増える・減る・上がる・広がる・進む・〜になる・〜くなる・〜ていく」등 변화를 나타내는 동사 뒤에 붙여 쓴다. 좋지않은 일에 관하여 쓰는 경우가 많다.

Diễn tả xu hướng nào đó ngày càng tiếp diễn (không dừng lại). Trong câu có động từ thể hiện sự thay đổi như 増える・減る・上がる・広がる・進む・〜になる・〜くなる・〜ていく, vv... Thường thể hiện việc không tốt.

接続　V 辞書形 ＋ 一方だ

<例>　①地球の温暖化は進む一方だ。

②私が日本に住んでいたとき、物価は上がる一方だった。

③最近、仕事は忙しくなる一方で、正月も休めない。

➡ 〜一方・〜一方で・〜一方では [第3週2日目] p.83

★こんな文はだめ！

×最近、仕事は忙しい一方で、正月も休めない。

地球の温暖化 …… global warming / 全球变暖 / 지구 온난화 / trái đất nóng lên

物価 …… prices / 物价 / 물가 / vật giá

～つつある

意味　今～している

変化の途中であることを示す。

～ is happening now. Expresses that something is currently changing.
正在……。表现正在变化的过程。
지금 ～하고 있다. 변화하고 있는 도중임을 나타낸다.
Dần dần đang... Thể hiện đang ở giữa chừng của thay đổi.

接続　V　ます形　＋　つつある

<例>　① もうすぐ日の出だ。空から星が消えつつある。

　　　　② 先月は体調が悪かったが、今は良くなりつつある。

　　　　③ 終身雇用を願う人は減って、人々の仕事に対する考え方は変わりつつある。

➡　～つつ・～つつも［第2週4日目］p.64

日の出 …… sunrise/ 日出 / 해돋이 /mặt trời mọc

終身雇用 …… lifetime employment/ 终身雇佣 / 종신 고용 /thuê làm suốt đời

第2週 3日目

確認テスト

問題1　正しいものに○をつけなさい。

1) ひどい風邪をひいていましたが、治り {a. つつある　b. 一方です} ので、来週から会社へ行きます。
2) このぐらいの本なら一日で {a. 読みきれる　b. 読みきりだ}。
3) 後悔しないように、考え {a. きって　b. ぬいて} 結論を出した。
4) 彼は「何でもない」と {a. 言い　b. 言った} きり、黙ってしまった。

> 後悔する …… regret/ 后悔 / 후회하다 /hối tiếc
> 結論 …… conclusion/ 结论 / 결론 / kết luận

問題2　（　）に入る適当な言葉を□□から選びなさい。同じ言葉は一度しか使えません。

きりだ　　きる　　きれない　　一方だ　　つつある

1) 今、家族はみんな出掛けていて、家には私ひとり（　　　）。
2) この町の観光客は減る（　　　）。
3) 子供の時からパイロットになりたかったので、まだあきらめ（　　　）。
4) こんなにたくさんの論文を明日までに読み（　　　）のは無理だ。
5) 株価は少しずつだが、上がり（　　　）。

> 観光客 …… tourist/ 游客 / 관광객 /khách tham quan
> あきらめる …… give up/ 死心 / 포기하다 /từ bỏ
> 論文 …… dissertation/ 论文 / 논문 /luận văn
> 株価 …… stock prices/ 股价 / 주가 /giá cổ phiếu

問題3　どちらか適当なものを選びなさい。

1) 佐藤さんに仕事の依頼でメールを出したきり、
   - a. 返事が来ないので、電話をしてみようと思う。
   - b. すぐに返事が来たので、話が早く進んだ。

2) 一晩では話しきれないぐらい、
   - a. もう何も話すことがない。
   - b. いろいろな経験をした旅行だった。

3) 学生時代に習ったフランス語は忘れる一方なので、
   - a. まだ話せる。
   - b. もう一度勉強したいと思う。

依頼 …… request/ 要求 / 의뢰 /yêu cầu

69ページで答えを確認！

得点　/12

（第2週2日目の解答）
問題1　1) b　2) a　3) b　4) a　5) b
問題2　1) 末　2) ぬく　3) 次第　4) あげく
問題3　1) a　2) b　3) a

第2週 4日目

～つつ／～ながら／～ついでに／～ものの

「同時に・並行して」の意味があるもの（つつ・ながら・ついでに）と、「～のに」「～だが」の意味があるもの（つつ・ながら・ものの）

～つつ・～つつも

(1) ～つつ

意味 ～ながら（同時に…する）

二つの動作を同時に行うことを表す。「～ながら」よりも硬い言い方。

While ～ ing (do...at the same time). Expresses that two things are done at once. More formal than ～ながら.

……一面……(同時做……)。表示两个动作同时进行。比「～ながら」的语气生硬。

~ 하면서 (동시에 …하다). 두 가지 동작을 동시에 함을 나타낸다.「~ ながら」보다 딱딱한 표현.

Đang, trong khi..., vừa... vừa... Diễn tả hai hành động xảy ra đồng thời. Đây là cách nói nhấn mạnh hơn so với ～ながら.

接続 Ｖ ます形 ＋ つつ

<例> ①店にあるテレビをぼんやり眺めつつ、料理が出てくるのを待った。

(2) ～つつ（も）

意味 ～のに・～ているが

逆接的な用法。「分かっていたのに」「良くないと知っているけど」など、話す人が反省や後悔をしている内容を表現することが多い。前文と後文の主語は同じ人になる。

Although ～・doing ～, but... Used for contradictions. Often used to express speaker's reflection or regret, such as "despite knowing..." or "knowing that it's not good" etc. Same person will be subject as in preceding sentence.

虽然……但是……。用于逆接。「明明知道的却……」「明明知道这样不好却……」等 , 用于表现说话人带有反省和后悔等情况。前后语句的主语是同一个人物。

~ 하면서도・~ 함에도 불구하고. 역접적인 용법 .「알고 있었는데」「좋지 않은 일이라고 알면서도」등 말하는 사람이 반성 , 후회하고 있음을 표현할 때 많이 쓰인다 . 앞 문장과 뒤 문장의 주어는 같다 .

Dù là... Cách biểu hiện sự đối ngược. Thường là chỉ tâm trạng nuối tiếc, hối hận của người nói như kiểu: Mặc dù biết ... nhưng..., hay dù biết là không tốt mà vẫn... Chủ ngữ của vế trước và vế sau là giống nhau.

接続 Ｖ ます形 ＋ つつ（も）

<例> ①体に悪いと知りつつ、たばこを一日3箱も吸ってしまう。
②すぐにお返事を書こうと思いつつ、今日になってしまいました。
③佐藤さんに元気がないのが気になりつつも、話しかけることができなかった。

➡ ～つつある［第2週3日目］p.61

ぼんやり眺める …… look vacantly/ 茫然注视 / 멍하니 바라보다 /nhìn lơ đễnh

第 2 週 4 日目

～ながら・～ながらも

(1) ～ながら

意味　～しているときに、同時に…する

二つの動作を同時に行うことを表す。「～つつ」の（1）の意味。→4級出題範囲

When doing ～, do ... at the same time. Expresses two actions happening at once. Same meaning as ～つつ (1). ※ Fourth grade level.
一边……一边……。表示两个动作同时进行。有「～つつ」(1) 的意思。※ 4级出题范围。
~하고 있을 때 동시에 …하다. 두 가지 동작을 동시에 함을 나타낸다. 「～つつ」(1) 과같은 뜻. ※ 4 급 출제 범위.
Trong khi đang làm gì đó thì đồng thời làm việc khác. Chỉ 2 hành động diễn ra cùng một lúc. Giống với ý nghĩa (1) của ～つつ. (Phạm vi chủ đề 4 kyu).

接続　Ｖ　ます形　＋　ながら

＜例＞　①携帯電話で話しながら車を運転してはいけない。

(2) ～ながら（も）

意味　～のに・～けれども

「～から普通考える（想像する）ことと違って…」という逆接的な用法。前文と後文の主語は同じ人。（1）の用法と違って、「ながら」の前には動作ではなく状態を表す言葉が来ることが多い。「～つつ（も）」の(2)の意味だが、「～ながら（も）」は動詞のほかに、名詞・イ形容詞・ナ形容詞にも使える。

Although ～. Contradictory expression expressing that " ～ is different from what's normally thought (imagined)." Has same person for subject as preceding sentence. Usage is different from (1). Often expresses situations rather than actions before ながら. Same as (2) of ～つつ（も）, but noun, i-adjective, na-adjective can also be used with ～ながら（も）.
虽然……但……。「与考虑或想象的结果不同」的逆接用法。前后句子的主语是同一个人物。与 (1) 的用法不同,「ながら」的前面不是表示动作而是经常和表示状态的语句相接。有「～つつ (も)」(2) 的意思，而且「～ながら (も)」除了动词以外还和名词・形容词・形容动词等一起使用。
~하면서도 … 하지만.「～로부터 보통 생각 (상상) 되는 것과는 달리…」와 같이 역접적인 내용을 연결한다. 앞 문장과 뒤 문장의 주어는 같은 인물. 용법 (1) 과는 달리「ながら」앞에는 동작이 아닌 상태를 나타내는 말이 오는 경우가 많다.「～つつ (も)」(2) 의 뜻과 같으나「～ながら (も)」는 동사 외에 명사・イ형용사・ナ형용사에도 쓸 수 있다.
Ấy thế mà, tuy nhiên... Cách biểu hiện sự đối ngược, trái với suy nghĩ thông thường, trái với tưởng tượng. Chủ ngữ của vế trước và vế sau là giống nhau. Khác với ý nghĩa (1), thường thì trước ながら sẽ thể hiện trạng thái chứ không phải hành động. Ngoài ra, giống với nghĩa (2) của ～つつ（も）nhưng với ～ながら（も）, bên cạnh động từ còn có thể dùng danh từ, tính từ đuôi イ, tính từ đuôi ナ.

接続
Ｖ　ます形・ない形
イＡい
ナＡ
Ｎ（＋であり）
＋　ながら（も）

＜例＞　①私は横浜に住んでいながら、海を見たことがありません。
　　　　②彼は学生でありながら、会社を作って大金持ちになった。
　　　　③慣れないながらも、新しい仕事を楽しんでいます。
　　　　④狭いながらも、この庭がとても気に入っている。
　　　　⑤残念ながら、コンサートは中止になりました。

65

第2週4日目

〜ついでに

意味 〜する時、一緒に…する

「〜の機会を利用して、追加して別のこともする」ことを表す。前文の内容が前から予定していたことで、後文が追加すること。前文と後文の主語は同一。

At the time of 〜・do 〜 with... Expresses "using an opportunity to do an additional thing." Preceding sentence was planned before, and what follows is done additionally. Preceding part and what follows have same subject.

顺便……。用来表示「趁着做一件事的机会同时做了其他的事情」。前面语句的内容在事先预定的情况下，再追加后面的语句。前后语句都具有相同的主语。

〜하는 김에 ... 하다.「〜하는 기회에 추가로 다른 일도 하다」라는 뜻을 나타낸다. 앞문장이 이미 예정되어 있던 일, 뒤 문장이 추가로 하는 일이 된다. 앞 문장과 뒤 문장의 주어는 같다.

Nhân tiện, tiện thể. Nhân cơ hội đó làm một việc khác. Nội dung của vế trước là dự định sẵn rồi còn vế sau chỉ là thêm vào. Chủ ngữ của vế trước và vế sau giống nhau.

接続 V 辞書形・た形 } + ついでに
　　　　Nの

<例> ①出張で京都へ行くついでに、お寺を観光するつもりだ。

②車にガソリンを入れたついでに、たばこを買ってきた。

③買い物のついでに、郵便局で手紙を出そう。

〜ものの

意味　〜けれども

「〜は本当だが、でも…」と言いたいときに使う。

However 〜 . Expresses " 〜 is true, but..."

虽然……但是……。用于说明「……是真的，但是……」。

〜하기는 하였으나. 「〜한 것은 사실이지만 그러나…」라는 뜻을 나타낸다.

Dù là... Dùng khi muốn nói ý: Thật sự là... nhưng ...

接続　V・イA　普通形
　　　　ナA　名詞修飾型　｝＋ ものの

<例>　①食事をしたものの、まだお腹がすいている。

　　　②明日までにやると言ったものの、今日中に終わるかどうか心配だ。

　　　③新しいプロジェクトが始まったのは良いものの、次々と問題が起こって大変だ。

他　「名詞／文 ＋ とはいうものの」という形で使うこともできる。

<例>　①４月とはいうものの、まだまだ寒い。

　　　②２級は難しくないとはいうものの、勉強しなければ合格できない。

次々と …… one after another/ 不断地 / 잇달아 /liên tục

第2週 4日目 確認テスト

問題1　正しいものに○をつけなさい。

1）私はいつも歌を歌い {a. ながら　b. ながらも} シャワーを浴びる。
2）酒を飲み {a. つつ　b. つつあり}、学生時代の懐かしい話をした。
3）新宿で友達と会う {a. ついでに　b. つつも}、デパートに行ってこよう。
4）このノートパソコンは軽量 {a. つつ　b. ながら}、いろいろな機能がついている。
5）あのレストランは値段が高い {a. ものの　b. つつ}、サービスはとても良い。

軽量 …… lightweight/ 轻量 / 경량 /nhẹ
機能 …… function/ 功能 / 기능 /chức năng

問題2　（　）に入る適当な言葉を□□□から選びなさい。同じ言葉は一度しか使えません。

| ついでに　　つつも　　ながらも　　ものの |

1）留学したばかりの時、言葉が分からない（　　　　）友達がたくさんできた。
2）買い物に出た（　　　　）、新しくオープンした店にも行ってみた。
3）報告書を書かなければならないと思い（　　　　）、忙しくて、まだ書き始めていない。
4）新しいデジカメを買った（　　　　）、まだ一度も使っていない。

報告書 …… report/ 报告书 / 보고서 /bản báo cáo
デジカメ …… digital camera/ 数码相机 / 디지털 카메라 /máy ảnh kỹ thuật số

問題3 （　　）に入る最も適当なものを一つ選びなさい。

1）この部屋は狭いものの（　　）。
　　a. 駅が遠くて大変だ
　　b. 駅が近くて便利だ
　　c. 駅が近くてうるさい

2）出掛けたついでに、（　　）。
　　a. 何も買わないで帰ってきた
　　b. コンビニで昼ごはんを買った
　　c. 寒かったので、すぐ帰ってきた

3）彼は答えを知っていながら、（　　）。
　　a. 親切に教えてくれる
　　b. いつも勉強している
　　c. 教えてくれなかった

75ページで答えを確認！

得点　　／12

（第2週3日目の解答）
問題1　1）a　2）a　3）b　4）b
問題2　1）きりだ　2）一方だ　3）されない　4）きる　5）つつある
問題3　1）a　2）b　3）b

第2週 5日目

〜にしたがって／〜につれて／〜に伴（ともな）って／〜とともに

相関関係（そうかんかんけい）があるもの

〜にしたがって・〜にしたがい

意味　〜（の変化（へんか））と一緒（いっしょ）に

何かが変化すると、それに合わせて別（べつ）のことも変化することを表（あらわ）す。前文（ぜんぶん）も後文（こうぶん）も「増（ふ）える・減（へ）る・広（ひろ）がる・〜くなる・〜になる・〜てくる」などの変化を表す言葉（ことば）が来る。変化は継続性（けいぞくせい）のあるもの（一回（かい）だけの変化（へんか）には使（つか）えない）。

At the same time as 〜 (changes). When one thing changes, another changes with it. What precedes and follows will contain words such as 増える・減る・広がる・〜くなる・〜になる・〜てくる. Changes will be continuous. (Cannot use for one-time change.)

随着……。表示随着其它事物的变化而变化。前后语句都可以接续「增える・减る・广がる・〜くなる・〜になる・〜てくる」等表示变化的词语。用于不断变化的事物 (不能用于表现只有一次变化的情况)。

〜 (의 변화) 와 함께. 어떤 일이 변화하면 그에 따라 다른 일도 변화함을 나타낸다. 앞 문장과 뒤 문장 모두「増える・減る・広がる・〜くなる・〜になる・〜てくる」등 변화를 나타내는 말이 온다. 변화가 계속되는 일에 쓰이며 일회적인 변화에는 쓰이지 않는다.

Cùng với... Nếu có một việc nào đó thay đổi, thì sẽ có một việc khác cùng thay đổi theo việc đó. Cả vế trước và vế sau đều có những từ thể hiện sự thay đổi như 増える・減る・広がる・〜くなる・〜になる・〜てくる , vv... Sử dụng trong trường hợp thể hiện sự thay đổi có tính liên tục (không sử dụng trong trường hợp thay đổi chỉ 1 lần).

接続

V 辞書形（じしょけい）
N
} ＋ にしたがって・にしたがい

<例（れい）>
① 街（まち）の工業化（こうぎょうか）が進（すす）むにしたがって、失業率（しつぎょうりつ）も減（へ）ってきた。

② このグラフから、年齢（ねんれい）が高くなるにしたがって、貯蓄（ちょちく）が増えていることが分かる。

③ 携帯電話（けいたいでんわ）の普及（ふきゅう）にしたがい、家庭（かてい）の電話が必要（ひつよう）なくなった。

工業化（こうぎょうか） …… industrialization/ 工业化 / 공업화 /công nghiệp hóa

失業率（しつぎょうりつ） …… unemployment rate/ 失业率 / 실업률 /tỷ lệ thất nghiệp

貯蓄（ちょちく） …… savings/ 储蓄 / 저축 /tiết kiệm tiền

〜につれて・〜につれ

意味 〜（の変化）と一緒に

「〜にしたがって」と同じ意味・用法。「〜にしたがって」と同じで、一回だけの変化には使えない★。

At the same time as 〜 (changes). Same meaning as 〜にしたがって, so cannot be used for one-time change.

随着……。同「〜にしたがって」意思、用法一样。与「〜にしたがって」相同，不能用于表示只有一次变化的情况。

〜(의 변화)와 함께．「〜にしたがって」와 같은 뜻·용법．「〜にしたがって」와 마찬가지로 그 변화가 일회적인 경우에는 사용하지 않는다．

Cùng với... Cách dùng và ý nghĩa giống với 〜にしたがって nên không thể dùng trong trường hợp biểu thị sự thay đổi chỉ 1 lần.

接続
V 辞書形
N　　　　　｝＋ につれ（て）

<例> ① 台風が近づくにつれて波が高くなるので、海へは行かないでください。
② ヨーロッパの株価下落につれ、円高になっている。

★こんな文はだめ！
× 気温が27度になるにつれ（にしたがって）、アイスクリームがよく売れる。

波 …… wave/ 波浪 / 파도 /sóng

株価下落 …… decline in stock prices/ 股价下跌 / 주가 하락 /cổ phiếu sụt giá

円高 …… strong yen/ 日元升值 / 엔고 /Yên tăng giá

～に伴って・～に伴い・～に伴う

意味　～と一緒に

何かが変化したり起こったりすると、それに合わせて別のことが変化したり起こったりすることを表す。「～に伴って」は一回だけのことにも使う（例②③④）。

Together with ～ . Expresses that when one thing changes, another changes along with it. ～に伴って can be used with things that happen just once (Ex. 2, 3, 4).

随着……。用于表示随着其它事物的变化而发生变化。「～に伴って」也可以用于一次性变化。(例②③④)。

~ 와 함께. 어떤 변화가 생기면 그에 맞춰서 다른 일도 변화함을 나타낸다. 「~에 伴って」는 일회적인 변화에도 사용할 수 있다 (예 ②③④).

Cùng với, đi kèm... Do một việc gì đó xảy ra nên kéo theo việc khác xảy ra. ～に伴って cũng có thể dùng để biểu thị sự thay đổi chỉ 1 lần (ví dụ 2, 3, 4).

接続　V 辞書形 / N ＋ に伴って・に伴い・に伴うN

<例>
① 結婚しない人が増加するに伴い、少子化も進んだ。
② アパートを借りるに伴って、いろいろな手続きをしなければならない。
③ 地震に伴って津波が起こる危険がある。
④ 入院に伴う費用は保険で払われるので心配ありません。

少子化 …… declining birthrate/ 少子化 / 저출산화 /tỷ lệ sinh giảm

手続き …… procedure/ 手续 / 절차 /thủ tục

津波 …… tsunami/ 海啸 / 해일 /sóng thần

費用 …… expense/ 费用 / 비용 /chi phí

保険 …… insurance/ 保险 / 보험 /bảo hiểm

〜とともに

(1) 意味 〜（の変化）と一緒に

「〜にしたがって」と同じ意味・用法。

At the same time as 〜 (changes). Same meaning and usage as 〜にしたがって.

和……一起。同「〜にしたがって」的意思・用法一样。

〜(의 변화)와 함께. 「〜にしたがって」와 같은 뜻・용법.

Cùng với... Nghĩa và cách dùng giống với 〜にしたがって.

接続 V 辞書形
　　　N ｝ + とともに

<例>　①日本での生活が長くなるとともに、友達が増えてきた。

　　　②国の経済成長とともに、生活が豊かになった。

(2) 意味 〜と同時に

同時に二つのことが起こることや同時に二つの状態にあることを表す。

At the same time as 〜. Expresses two things happening at once or two simultaneous situations.

……的同时。表示两种事情同时发生和两种状态同时出现。

〜와 동시에. 동시에 두 가지 일이 일어나거나 동시에 두 가지 상태에 있음을 나타낸다.

Đồng thời với... Biểu thị 2 việc cùng xảy ra đồng thời hoặc cùng lúc có ở hai trạng thái.

接続 V 辞書形
　　　イAい
　　　ナAである・Nである ｝ + とともに

<例>　①外国語学習では、単語を覚えるとともに、多くの人と会話することが重要だ。

　　　②決勝戦に勝って嬉しいという気持ちとともに、終わってしまって寂しい気持ちもある。

　　　③吉田さんは、高校の教師であるとともに、大学院の学生でもある。

決勝戦 …… final game / 决赛 / 결승전 / trận chung kết

第2週 5日目

確認テスト

問題1　正しいものに○をつけなさい。

1）インターネット申込の開始 {a. にしたがい　b. に伴い}、社員を減らすつもりだ。
2）あの音楽家は素晴らしい芸術家である {a. とともに　b. につれ}、大学の教授でもある。
3）電気工事 {a. に伴う　b. に伴って} 停電の時間は30分ぐらいの予定だ。
4）山道を {a. 登る　b. 登った} にしたがって、美しい景色が見えてきた。
5）会社で働く年数が {a. 長い　b. 長くなる} につれて、責任が重くなってきた。

芸術家 …… artist/ 艺术家 / 예술가 /nghệ sĩ
停電 …… blackout/ 停电 / 정전 /cắt điện

問題2　（　　）に入る適当な言葉を□から選びなさい。同じ言葉は一度しか使えません。

| ついでに　　つけ　　つつも　　つれて |

1）自分は何の力もないと知り（　　　　）、役に立ちたい気持ちでいっぱいだった。
2）母の苦労を聞くに（　　　　）、田舎へ帰りたくなる。
3）この小説は話が進むに（　　　　）、だんだん面白くなってくる。
4）図書館で調べ物をした（　　　　）、新聞を読んできた。

調べ物 …… research/ 查找资料 / 조사 /nghiên cứu

問題3　どちらか適当なものを選びなさい。

1）社会人になってから運動不足になるとともに、
　｛a. 太りやすい体になってしまった。
　　b. 時間がたってしまった。

2）彼女は｛a. 成長するにつれて　　｝どんどんきれいになっていく。
　　　　　 b. 二十歳になるにつれて

3）日本での生活が長くなるにしたがって、
　｛a. 母の作る料理が懐かしい。
　　b. 母の作る料理が懐かしくなる。

運動不足 …… lack of exercise / 运动不足 / 운동 부족 / thiếu vận động

81ページで答えを確認！

得点　／12

（第2週4日目の解答）
問題1　1）a　2）a　3）a　4）b　5）a
問題2　1）ながらも　2）ついでに　3）つつも　4）ものの
問題3　1）b　2）b　3）c

第3週 1日目

～に応じ（て）／～ば～ほど／～に比べて／～に反し（て）

二つのことの対応関係や比較を表す言い方

～に応じ（て）・～に応じた

意味 　～に合わせて

変化や多様性に合わせて（対応して）、後の事柄を変えることを表す。

Conforming to ～ . Expresses later changes in something (in response), at the same rate as changes in or diversification of what comes after.

根据……。表示随着(对应)前面事物的变化和多样性、后面的事物也受到影响。

～에 맞추어. 조건의 변화와 다양성에 맞춰서 (대응하여) 다음 일이 변함을 나타낸다.

Phụ thuộc vào..., tùy theo... Biểu thị sự việc sau thay đổi tùy thuộc vào sự thay đổi đằng trước.

接続 　N ＋ に応じ（て）・に応じたN

<例> ①一人ひとりの体力に応じて、トレーニングの内容を考えます。

②売上げに応じ、生産量を変えている。

③ご予算に応じたお食事が用意できます。

トレーニング …… workout/ 锻练 / 트레이닝 /huấn luyện

売上げ …… sales/ 营业额 / 매출 /doanh thu

生産量 …… production/ 生产量 / 생산량 /sản lượng

予算 …… budget/ 预算 / 예산 /dự toán

〜ば〜ほど

意味　〜すれば、もっともっと…

一方の程度が変われば、もう一方の程度も比例して変わることを表す。一つ目と二つ目は同じ言葉が来る。

The more 〜 the more... Expresses that if degree of one thing changes, another will change relative to it. Same words will be used for first and second things.

越……。表示相关一方的程度发生了变化，而另一方的程度也随着发生变化。前后用同一个词语。

〜하면 할 수록…. 한쪽의 정도가 변함에 따라 다른 한쪽도 비례하여 변함을 나타낸다.「〜」에는 같은 말이 온다.

Càng ...càng... Nếu cái này thay đổi thì cái khác sẽ thay đổi theo tỉ lệ với cái đó. Động từ thứ nhất và động từ thứ hai giống nhau.

接続

$$\left.\begin{array}{l} V \text{ ば形} \\ イAければ \\ ナAなら（であれば）\\ Nなら（であれば） \end{array}\right\} + \left\{\begin{array}{l} V \text{ 辞書形} \\ イAい \\ ナAな \\ Nである \end{array}\right\} + ほど$$

<例>　①これは難しい問題で、考えれば考えるほど分からなくなってしまった。
　　　②外国語学習を始めるのは早ければ早いほどいい。
　　　③有名人であれば有名人であるほどストレスも多いだろう。

➡　〜ほど［第5週4日目］p.152・153

～に比べて・～に比べ

意味 　～と比較して・～より

二つ以上のものを比較して述べる。

Compared to ～・more than ～. Compares two or more things.
与……相比；比……。对超过两种以上的事物，进行比较说明。
～와 비교하여・～보다. 두 가지 이상의 일을 비교하여 말하는 경우에 사용한다.
So với... So sánh từ 2 thứ trở lên.

接続 　V 辞書形 ＋ の ｝ ＋ に比べ（て）
　　　　　N

<例> 　①バスで行くのに比べ、タクシーで行くと時間が節約できる。

　　　②20代に比べ、30代の人はクレジットカードをよく使う。

　　　③和食は洋食に比べて健康にいいと言われている。

節約する ……　cut back/ 节省 / 절약하다 /tiết kiệm

20代 ……　twenties/20 多岁 /20 대 /những năm 20

健康 ……　health/ 健康 / 건강 /sức khỏe

〜に反し（て）・〜に反する・〜に反した

意味　〜とは反対に・〜と違って

実際の結果が予想や期待、意向などと違うことを表す。

Opposite to 〜・different from 〜. Expresses that actual result is different from an expected, hoped for, or intended result.

与……相反；与……不同。表示实际结果与事先的预测和期待、意向等不同。

〜와는 반대로・〜와 달리. 실제 결과가 예상, 기대, 의향 등과 다름을 나타낸다.

Trái ngược với..., tương phản với... Biểu thị kết quả thực tế trái với dự tính, hi vọng, mong muốn.

接続　N ＋ に反し（て）・に反するN・に反したN

<例> ①予想に反して、私達のチームが優勝した。

②親の期待に反し、彼は警官になった。

③試験結果は予想に反する残念な結果になってしまった。

他　「法律や規則に違反する・従わない」という意味もある。

<例> ①会社の規則に反した社員について、会議で話し合った。

予想 …… expectation/ 预期 / 예상 /dự đoán

優勝する …… win first prize/ 获得冠军 / 우승하다 /vô địch

期待 …… expectation/ 期待 / 기대 /kỳ vọng

第3週 1日目

確認テスト

問題1　正しいものに○をつけなさい。

1) 我が社では能力に {a. 応じて　b. 比べて} 給料が決められる。
2) 予想に {a. 応じて　b. 反して}、この子供用ゲームが大人に売れているようだ。
3) 駅に近ければ近い {a. に反して　b. ほど}、家賃は高くなります。
4) 私は英語を書くの {a. に応じて　b. に比べ}、話すほうが得意だ。
5) 図書館では、{a. 静かければ　b. 静かならば} 静かなほど、集中して勉強できる。

> 我が …… my, our/ 我，我们/ 우리 /của tôi, của chúng tôi
> 能力 …… ability/ 能力/ 능력 /năng lực
> 給料 …… salary/ 工资/ 급료 /lương
> 予想 …… expectation/ 预期/ 예상 /dự đoán
> 家賃 …… house rent/ 房租/ 집세 /tiền thuê nhà
> 集中する …… concentrate/ 集中/ 집중하다 /tập trung

問題2　（　　）に入る適当な言葉を ▢ から選びなさい。同じ言葉は一度しか使えません。

| ほど | に応じて | に比べて | に反して |

1) このレストランは、季節（　　　　）メニューを変えています。
2) お金はあればある（　　　　）良いとは言えない。
3) 去年（　　　　）、今年は雪が降る日が多い。
4) 国民の期待（　　　　）、税率は変わらず、高いままだ。

> 期待 …… expectation/ 期待/ 기대 /mong đợi
> 税率 …… tax rate/ 税率/ 세율 /tỷ lệ thuế

問題3　どちらか適当なものを選びなさい。

1) この携帯電話は色が10色もあるので、好みに応じて
   - a. 売上げも増加する。
   - b. 色を選べるのがいい。

2) 男性に比べ、
   - a. 働いている人が多い。
   - b. 女性は平均寿命が長い。

3) 大変であればあるほど、
   - a. 達成するつもりだ。
   - b. 達成できたときの喜びは大きい。

売上げ …… sales/ 営業額 / 매출 /doanh thu

平均寿命 …… average life expectancy/ 平均寿命 / 평균 수명 /tuổi thọ trung bình

達成する …… achieve/ 実現 / 달성하다 /đạt được

87ページで答えを確認！

得点　／12

(第2週5日目の解答)
問題1　1) b　2) a　3) a　4) a　5) b
問題2　1) つつも　2) つけ　3) つれて　4) ついでに
問題3　1) a　2) a　3) b

第3週 2日目 〜反面／〜一方／〜かわりに

二つの面・性質を表す言葉

〜反面・〜半面

意味 ある面では〜だが、他の面では…

あることについて、二つの相反する性質を表現する。

In one aspect, it's 〜, but in another aspect... Expresses two contrary qualities of something.
……的另一面；……的反面。说明某个事物具有两个相反的性质。
한편으로는 ~ 지만, 다른 한편으로는 … 어떤 일에 대해 두 가지 상반된 성질을 표현한다.
Mặt khác, mặt trái... Biểu thị tính chất hai mặt trái ngược của một sự việc nào đó.

接続

V 辞書形
イAい
ナAな（である）
Nである
＋ 反面（半面）

<例>
① パソコンが普及する反面、紙の消費も増えている。
② 彼女は外では明るい反面、家ではおとなしくてあまりしゃべらない。
③ ネットショッピングは便利な半面、いらないものも買ってしまうことがある。

消費 …… consumption/ 消费 / 소비 /sự tiêu thụ

ネットショッピング …… online shopping/ 网上购物 / 인터넷 쇼핑 /mua sắm trên mạng

〜一方・〜一方で・〜一方では

意味　他の面では…

「〜であると同時に…という側面もある」という、あることの二つの面を表現する。「〜一方」は、例①のように、相反することでなくても言うことができる。

Another aspect is.... Expresses that something has two aspects, saying that "while 〜 is true, there is another side..." As in Ex. 1, even if there is nothing contradictory, 〜一方 can be used.

一方面……。表现同一事物「一面是……的同时还有另一面……」具有的两个方面。「〜一方」和例①一样，也可以说明不是相反的事物。

다른 한편으로는…. 「〜 하는 동시에 …인 측면도 있다」는 두 가지 측면을 표현 . 「〜 一方」는 예①과 같이 상반되는 일이 아닌 경우에도 쓰인다 .

Mặt khác, trái lại... Biểu thị hai mặt của một vấn đề kiểu như: có mặt này cũng có mặt kia. Với 〜一方, giống như ví dụ 1, có thể nói đến việc không trái ngược cũng được.

接続

V　辞書形
イAい
ナAな（である）
Nの（である）
　　　　　　　＋　一方・一方で

<例>

① 彼は会社員として働く一方で、有名な小説家でもある。

② 人口が増加する地域がある一方、人口が減って困っている地域もある。

③ 大統領がかわって国民の生活は豊かになったが、一方では環境問題など悪化していることもある。

➡ 〜一方だ［第2週3日目］p.60

地域 …… area/ 地区 / 지역 /vùng

環境問題 …… environmental issue/ 环境问题 / 환경 문제 /vấn đề môi trường

悪化する …… get worse/ 恶化 / 악화되다 /trở nên xấu đi

～かわりに・～にかわって・～にかわり

(1) ～かわりに

意味 ～の反面

「AかわりにB」で「AでもあるしそのB反面でもある」と二つの面を表現する。

Although ～ . Expresses that two different aspects exist. "A is true, but a contrasting thing, B is also true."

虽……但。表示虽然是「AかわりにB」，但是「有A的同时又有B」，具有两个方面。

～인 반면. 「AかわりにB」의 꼴로「A이기도 하고, 한편으로는 B이기도 하다」와 같이 두가지 면을 표현한다.

Mặt khác, mặt trái... Biểu thị hai mặt là: Thay vì A thì là B và có A nhưng trái lại cũng có B.

接続 V・イA 普通形
　　　　ナA 名詞修飾型 ｝ + かわりに

<例> ①このスーパーの野菜は安いかわりに、ときどき新鮮じゃないことがある。

(2) ～かわりに

意味 ～と引き換えに

「AかわりにB」で「Aするので、それと引き換えに（それに相当する・そのお返しに）Bする」。

In exchange for ～ . "A will be done, so in exchange, B will be done (as suitable/in exchange)."

代替……。虽然是「AかわりにB」，但也是「A做的同时B也会做（相当于・换言之）」。

～ 대신. 「AかわりにB」의 꼴로「A 하는 대신 (A에 걸맞는・그 답례로) B 하다」.

Đổi lại... B đối lại A, làm A nên đổi lại có B.

接続 V 普通形 + かわりに

<例> ①私がスペイン語を教えるかわりに、彼には日本語を教えてもらっている。
　　②家を売ったかわりに、大金が手に入った。

(3) ～かわりに

意味 ～をしないで・～の代理で

「AかわりにB」で、「本来の・いつものAではなくて、Bする」という意味を表す。「何かをしないで、別のことをする」ことを表現したり（例①）、「別の人や物が代理でする」ことを表現したり（例②③）する。

Instead of ～ ・ in behalf of ～ . Expresses that "Instead of A, which is the original/usual, B will be done." Can mean "not do one thing, but another instead" (Ex. 1), or "another person/thing will represent something" (Ex. 2, 3).

不……。代替……。用「AかわりにB」表示「不是历来的A做了，而是B做了」的意思。既用于表现「不做经常做的事，而去做其他的事情」（例①）、也用于表现「代替别人做某事」（例②③）。

～하지 않고・～의 대신에. 「AかわりにB」의 꼴로「본래의・평상시의 A가 아니라 B 하다」라는 뜻을 나타낸다.「어떤 일을 안 하는 대신 다른 일을 함」을 표현하거나 (예 1),「다른 사람이나 물건으로 대신함」을 나타낸다 (예②③).

Thay vì... Từ trước đến giờ lúc nào cũng A nhưng giờ thì B. Khi biểu thị ý: Không làm việc đó mà làm một việc khác (ví dụ 1), khi biểu thị ý: Thay thế bằng người khác, vật khác (ví dụ 2, 3).

> 接続　V 辞書形 ／ Nの ＋ かわりに

<例> ①昨夜は時間があったから、外食するかわりに、久しぶりに家で料理した。

②水野さんは禁煙しているので、たばこのかわりにガムを噛んでいる。

③多忙な部長のかわりに、私が出張に行くことになった。

(1)(2)の文はAもBもすることを意味するが、(3)ではAはしないでBだけするのだ。

(4) 〜にかわって・〜にかわり

> 意味　〜ではなく

「AにかわってB」で、「本来の・いつものAではなくてB」という意味。代理を表したり（例①）、従来使われていたものが新しいものにかわることを表す（例②③）。

Not 〜. Means "not the usual or original thing." Expresses that something is represented (Ex. 1) or that a new thing will replace something that will no longer be used (Ex. 2, 3).

不……而。不是「AにかわってB」，而是「不是历来的A去做，而是B」的意思。表示代理（例①），也表示以新事物代替旧事物（例②③）。

〜가 아니라．「AにかわってB」의 꼴로「본래의・평상시의 A가 아닌B」라는 뜻. 대신함을 표현하거나 (예①), 종래의 것이 새 것으로 바뀜을 나타낸다 (예②③).

Không phải là... mà là... Có nghĩa là: B thay cho A, hay không phải lúc nào cũng là A mà là B. Khi thì biểu thị sự thay thế (ví dụ 1), khi thì biểu thị sự thay thế cái cũ vẫn được dùng từ trước bằng cái mới (ví dụ 2, 3).

> 接続　N ＋ にかわって・にかわり

<例> ①病気の母にかわって、私が毎晩料理をしている。

②仕事ではファックスにかわり、電子メールが欠かせない。

③人間にかわってロボットが家事をする日も近いだろう。

噛む …… chew/ 咀嚼 / 씹다 /nhai

多忙な …… busy/ 繁忙 / 몹시 바쁜 /bận rộn

欠かせない …… indispensable/ 不可缺少的 / 없어서는 안 될 /không thể thiếu

家事 …… housework/ 家务 / 집안일 / việc nhà

第3週 2日目 確認テスト

問題1　正しいものに○をつけなさい。

1) あの人は俳優として仕事をする {a. 一方で　b. かわりに}、政治家でもある。
2) 映画を見に行く {a. かわりに　b. 反面}、家でビデオを見るほうがいい。
3) 専門家の予測 {a. に反して　b. の反面}、円安が進んでいる。
4) このアパートの近くは緑が多くて静かな {a. かわりに　b. にかわって}、駅から遠い。
5) あの先生は生徒に {a. 厳しい　b. 厳しく} 一方で、優しい言葉をかけることも忘れない。とてもいい先生だ。
6) 日曜日 {a. 働いて　b. 働いた} かわりに、月曜日休んだ。

俳優 …… actor/ 演员 / 배우 /diễn viên
予測 …… prediction/ 预测 / 예측 /dự tính
円安 …… weak yen/ 日元贬值 / 엔저 /việc đồng yên giảm giá

問題2　（　）に入る適当な言葉を□□□から選びなさい。同じ言葉は一度しか使えません。

| 一方では | かわりに | 反面 |

1) さよならは言いたくないので、その言葉の（　　　　）歌を歌います。
2) 新しいプロジェクトは楽しみだが、（　　　　）不安も少しある。
3) この駅は会社に近くて便利な（　　　　）、自然が少ない。

問題3　どちらか適当なものを選びなさい。

1）新しいプロジェクトは多くの社員に期待されているが、一方では
　　｛a. 私も賛成したい。
　　｛b. 反対の意見もある。

2）彼は人に優しい反面、｛a. 自分には厳しい。
　　　　　　　　　　　　｛b. 優しくないときも多い。

3）家庭の電話にかわって、｛a. 値段が高いので持つ人が減っている。
　　　　　　　　　　　　　｛b. 携帯電話を持つ人が増えている。

期待する …… expect/ 期待 / 기대하다 /mong đợi

93ページで答えを確認！

得点　／12

―――――――――――――――――――――――――――

（第3週1日目の解答）
問題1　1）a　2）b　3）b　4）b　5）b
問題2　1）に応じて　2）ほど　3）に比べて　4）に反して
問題3　1）b　2）b　3）b

第3週 3日目 〜について(は)／〜に関して(は)／〜に対し(て)／〜をめぐって

> 対象を表す言い方を覚えよう

〜について(は)・〜につき・〜についての

(1) 〜について(は)・〜につき・〜についての

意味　〜に関係して・〜のことで

「話す・書く・聞く・考える・調べる」などの意味の動詞が後ろに来て、言語行動や思考関係の話題や対象を示す。「〜につき」は改まった言い方。

Related to 〜. about 〜. Comes before verbs that mean 話す・書く・聞く・考える・調べる, and expresses topics and subject matter of spoken actions and thoughts, 〜につき is formal.
关于……; 就……。具有「話す・書く・聞く・考える・調べる」等意思的动词接在后面，表示言行和思考关系的话题及对象。「〜につき」的另一种说法。
〜 와 관련하여・〜 에 대해서、「話す・書く・聞く・考える・調べる」등의 의미를 가진 동사가 뒤에 따르며, 언어 행동 및 사고와 관련된 화제나 대상을 나타낸다.「〜 につき」는 격식 차린 표현.
Về, liên quan đến... Biểu thị nội dung suy nghĩ, lời nói. Động từ phía sau có ý nghĩa là 話す・書く・聞く・考える・調べる. 〜につき là cách nói trang trọng.

接続　N ＋ について(は)・につき・についてのN

<例> ① 新商品についてプレゼンテーションをした。
　　　② これはよく読む雑誌についてのアンケートです。ご協力をお願いします。
　　　③ 環境問題につき世界会議が京都で開かれた。

(2) 〜につき

意味　〜ので・〜ため

理由を表す。改まった文書や手紙で使うことが多い。

Because of 〜・for 〜. Expresses reasons. Usually used in formal writing or letters.
由于……; 因为……。表示理由。经常用于修改文件和信件。
〜 이므로・〜 때문에. 이유를 나타낸다. 주로 격식을 차린 문서나 편지에서 쓰인다.
Do..., vì... Biểu thị lí do. Thường sử dụng trong văn bản trang trọng hay thư từ.

接続　N ＋ につき

<例> ① この道路は工事中につき、一週間通れません。
　　　② 本日は休日につき、営業時間を午後5時までとさせていただきます。

アンケート …… questionnaire/ 民意测验/ 설문 /điều tra
環境問題 …… environmental issue/ 环境问题/ 환경 문제 /vấn đề môi trường
営業時間 …… business hours/ 营业时间/ 영업 시간 /giờ làm việc

～に関して（は）・～に関する

意味 ～に関係して・～について

「～について」より少し硬い言い方。

Related to ～・about ～. Slightly more formal than ～について.
有关……; 关于……。比「～について」的说法较生硬。
～에 관하여・～에 대하여. 「～について」보다 조금 딱딱한 표현.
Về, liên quan đến... Là cách nói hơi nhấn mạnh một chút so với ～について.

接続 N ＋ に関して（は）・関するN

<例> ①日本の宗教に関して調べて発表した。

②敷金に関しては、部屋を出るときに返すことになっている。

③先週起こった事件に関する情報が警察に集まった。

宗教 …… religion/ 宗教 / 종교 /tôn giáo

敷金 …… deposit/ 押金 / 보증금 /tiền đặt cọc

第3週3日目

～に対し（て）・～に対しては・～に対する

意味　～に・～を相手に

行為や感情、態度が向けられる相手や対象を表す。

For ～・with ～. Expresses actions, feelings, or attitudes towards people or subject matter.
对……; 对于……。表示某种行为和感情、态度所接受的对方和对象。
～에/에게・～를 상대로. 행위・감정・태도 등을 행하는 대상을 나타낸다.
Về việc, đối với... Chỉ đối tượng, đối phương đang được hướng hành động, tình cảm, thái độ tới.

接続　N ＋ に対し（て）・に対しては・に対する N

＜例＞
①年上の人に対しては敬語を使うようにしている。

②山本先生は生徒に対していつも温かく接してくれる。

③今の吉田さんの発言に対して、何か意見はありますか。

④新しい商品に対する苦情がたくさん出てしまった。

接する …… deal with/ 接触 / 접하다 /đối xử

苦情 …… complaint/ 投诉 / 불평 /sự than phiền

～をめぐって・～をめぐる

意味   ～を争点に

争い・対立や議論の対象やうわさなど、争点を持つものを表す。複数の人で議論したり対立したりすることを表すので、動作主が一人のものには使えない★。

～ is disputed. Expresses the point of contention in a fight, confrontation, discussion, etc. which is related to some subject or rumor. Because it describes an argument/confrontation between more than one person, a singular subject cannot be used.

围绕……。表示持有争论、对立和争议的对象及传闻等。用来表现多数人进行争议、对立的情况，只有一个动作主人时不能使用。

~ 를 쟁점으로. 분쟁・대립・논의의 대상 및 소문 등, 쟁점이 되는 것을 나타낸다. 여러 사람이 논의하거나 대립하는 것을 나타내므로 동작주가 한 사람인 경우에는 사용할 수 없다.

Xoay quanh... Biểu thị nội dung liên quan đến các vấn đề tranh luận như đối tượng tranh cãi, thảo luận hay tin đồn đại... Do chỉ vấn đề tranh luận bởi nhiều người cho nên không sử dụng trong trường hợp chủ thể hành động là 1 người.

接続   N ＋ をめぐって・をめぐる N

<例> ①小学校での英語教育の問題をめぐって、市民と教師が討論した。
②会議では新しいプロジェクトをめぐって、いろいろな意見が出された。
③アパートの契約をめぐるトラブルがあって困っている。

★こんな文はだめ！
×私は教育問題をめぐって、レポートを書いた。

討論する …… debate/ 讨论 / 토론하다 /tranh luận

契約 …… contract/ 契约 / 계약 /hợp đồng

第3週 3日目

確認テスト

問題1　正しいものに○をつけなさい。

1) 説明会の日時と場所 {a. に対しては　b. については}、決まり次第お知らせします。
2) 彼は日本の食文化 {a. に関する　b. をめぐる} 知識をたくさん持っている。
3) セール期間中 {a. について　b. につき}、返品はご遠慮ください。
4) 部長は私の質問 {a. に対して　b. をめぐって} 何も答えてくれなかった。
5) ここに図書館の利用 {a. についての　b. をめぐる} 注意が書いてあるので、お読みください。

知識 …… knowledge / 知识 / 지식 / kiến thức

問題2　(　　) に入る適当な言葉を□□□から選びなさい。同じ言葉は一度しか使えません。

| に対する | について | につき | をめぐる |

1) 専門家が集まって、この薬の安全性 (　　) 話し合いが行われた。
2) 大学で日本の歴史 (　　) 勉強した。
3) 女性や子供 (　　) 暴力は決して許してはいけない。
4) 工事中 (　　)、ここに車をとめないでください。

暴力 …… violence / 暴力 / 폭력 / bạo lực
許す …… allow / 允许 / 용서하다 / tha thứ

問題3　どちらか適当なものを選びなさい。

1) 医者から母の病気に関して ｛ a. 説明があった。
　　　　　　　　　　　　　　 ｛ b. 治った。

2) 妹の結婚をめぐって ｛ a. 私は賛成している。
　　　　　　　　　　 ｛ b. いろいろな人が賛成や反対の意見を言っている。

3) 10代の子供が親に対して、 ｛ a. 兄弟げんかをしていた。
　　　　　　　　　　　　　　 ｛ b. 反抗するのは自然なことだ。

反抗する …… rebel/ 反抗 / 반항하다 /phản kháng

99ページで答えを確認！

得点　／12

（第3週2日目の解答）
問題1　1) a　2) a　3) a　4) a　5) a　6) b
問題2　1) かわりに　2) 一方では　3) 反面
問題3　1) b　2) a　3) b

第3週 4日目
〜にこたえ（て）／〜を問わず／〜にかかわらず／〜にもかかわらず

「〜にかかわらず」と「〜にもかかわらず」を混同しないように注意！

〜にこたえ（て）・〜にこたえる

意味 〜に沿うように

他からの期待や要望などに沿うように何かをすることを言う。

In response to 〜. Doing something in response to the expectation or request of another.

适应……。说明为适应其他期待和要求等，做某种事情。

〜에 따라. 다른 사람의 기대와 요망 등에 보답하기 위해 무언가를 함을 나타낸다.

Đáp ứng với... Cách nói làm một việc gì đó để đáp ứng mong muốn, nguyện vọng gì đó của người khác.

接続 N ＋ にこたえ（て）・にこたえる N

<例> ①アンコールにこたえて、もう一曲歌った。

②お客様の要望にこたえ、値段を安くしました。

③国民の期待にこたえる政治家になりたい。

要望 …… request / 要求 / 요망 / nguyện vọng

期待 …… expectation / 期待 / 기대 / mong đợi

〜を問わず・〜は問わず

意味　〜に関係なく

「条件や状況に影響されず」「どちらの場合でも」という意味を示す。「を／は問わず」の前には、反対の意味の語（例：男女、昼夜）、または幅や複数あるもの（例：年齢、国）が来る。

Unrelated to 〜. Means "not influenced by a condition or situation" or "in any case." Before を／は問わず, some opposite word (e.g. male/female, day/night), or something with great width, or that is plural (e.g. age, country) will be used.

不管……。表示「不受条件和情况的影响」「无论哪种情况」的意思。「を／は問わず」的前面是反意词 (例如：男女、昼夜) 而且也接续具有伸缩性和复数 (例如：年龄、国家) 的词语。

~ 에 관계없이 .「조건이나 상황의 영향을 받지 않고」「어느 경우에도」라는 뜻 .「を / は問わず」 앞에는 서로 반대되는 뜻을 지닌 말 (예 : 남녀 , 주야) 이나 , 또는 그 폭이 넓거나 복수 존재하는 말 (예 : 나이 , 나라) 이 온다 .

Không kể, bất kể, không liên quan đến... Biểu thị ý nghĩa: Không bị ảnh hưởng bởi điều kiện, hoàn cảnh, hay cho dù bất cứ trường hợp nào. Trước「を / は問わず」là từ có nghĩa đối ngược (ví dụ: nam nữ, ngày đêm) hoặc là những từ chỉ phạm vi rộng, số nhiều (ví dụ: tuổi tác, đất nước).

接続　N ＋ を問わず・は問わず

<例>　①このＴシャツは、男女を問わず、人気がある商品だ。

　　　②経験の有無は問わず、若くて元気な人に社員になってもらいたい。

　　　③最近は季節を問わず、マスクをしている人が多い。

　　　④これは年齢を問わず楽しめるゲームだ。

人気がある …… popular/ 受欢迎 / 인기가 있다 /được ưa chuộng

経験 …… experience/ 经验 / 경험 /kinh nghiệm

〜にかかわらず・〜に（は）かかわりなく

意味　〜に関係なく

「状況の変化に影響されないで」「どちらの場合でも」という意味を表す。

Unrelated to 〜. Means "not influenced by a condition or situation" or "in any case."

不论……都。表示「不受变化状况影响」「不论哪种情况」的意思。

〜에 관계없이．「상황의 변화에 좌우되지 않고」「어느 경우든」이라는 뜻을 나타낸다．

Không liên quan đến... Biểu thị ý nghĩa: Không bị ảnh hưởng bởi hoàn cảnh thay đổi.

接続　V 辞書形 ＋ V ない形 ／ N ＋ にかかわらず・にかかわりなく

<例>
① 興味があるないにかかわらず、やらなければいけない仕事がある。
② 年代にかかわらず、携帯電話は普及している。
③ 年齢や学歴にかかわりなく、優秀な人なら社員にするつもりだ。

年代 …… generation/ 年代 / 연대 /niên đại

普及する …… become popular/ 普及 / 보급하다 /phổ biến

学歴 …… academic background/ 学历 / 학력 /quá trình học hành

優秀な …… excellent/ 优秀的 / 우수한 /ưu tú

〜にもかかわらず

意味 〜のに・〜けれども

「〜から予想されることと違って…」という逆接的な意味で使い、後文では驚きや意外、残念や不満の気持ちを表すことが多い。少し硬い言い方。

Although 〜. however 〜. Means something is contradictory, such as "Contrary to our expectations based on 〜,"and what follows will often contain surprise, something unexpected, something unfortunate, or dissatisfaction. Slightly formal.

虽然……但是……; 尽管……却。用于「和预想的情况不同」表示逆接，多用于表示惊讶和意外、后悔及责难等语句。语气比较生硬。

~ 지만・~ 에도 불구하고.「~ 로부터 예상되는 것과 달리…」라는 역접적인 뜻을 나타내며, 뒤 문장에서는 놀람이나 의외, 유감, 불만 등의 감정을 나타내는 경우가 많다. 좀 딱딱한 표현.

Dù cho, dẫu cho... Dùng để chỉ sự trái ngược như kiểu: Khác so với dự tính... Vế sau của câu thường biểu thị sự ngạc nhiên, sự việc nằm ngoài sức tưởng tượng, cảm giác nuối tiếc, bất mãn. Đây là cách nói hơi nhấn mạnh một chút.

接続
V・イA 普通形
ナA（である）・N（である）
＋にもかかわらず

＜例＞
① 山本さんは昨夜遅くまで仕事していたにもかかわらず、朝6時に出社した。
② 彼が質問したにもかかわらず、誰も答えなかった。
③ このデジカメは使い方が複雑であるにもかかわらず、よく売れている。
④ 大雨にもかかわらず、大勢の人が集まった。
⑤ 今日はご多忙にもかかわらず、たくさんの方に来ていただき、本当にありがとうございます。

出社する …… go to the office/ 上班 / 출근하다 /có mặt ở công ty

第3週 4日目 確認テスト

問題1　正しいものに○をつけなさい。

1) 親の期待 {a. にこたえて　b. を問わず}、彼は医者になった。
2) 彼は40歳になった {a. にこたえて　b. にもかかわらず} まだ学生で、毎月親からお金をもらっている。
3) 性別 {a. にかかわらず　b. にもかかわらず}、誰でも挑戦できる。
4) ここでは季節 {a. にもかかわらず　b. を問わず}、一年中花が咲いている。
5) 彼は {a. 若い　b. 若いである} にもかかわらず、いろいろな苦労をしている。

期待 …… expectation/ 期待 / 기대 /kỳ vọng

挑戦 する …… try/ 挑战 / 도전하다 /thử

問題2　（　　）に入る適当な言葉を　　　から選びなさい。同じ言葉は一度しか使えません。

| にかかわらず　　にもかかわらず　　にこたえて　　を問わず |

1) アルコールを飲む飲まない（　　　　　）、会費は3000円です。
2) ファンの声援（　　　　　）、田村選手は手を振った。
3) 音楽が大好きで、ジャンル（　　　　　）何でも聞く。
4) 円安（　　　　　）、海外旅行に行く人が多い。

会費 …… membership fee/ 会费 / 회비 /phí hội viên

声援 …… cheers/ 声援 / 성원 /tiếng hoan hô cổ vũ

円安 …… weak yen/ 日元贬值 / 엔저 /việc đồng Yên giảm giá

問題3　どちらか適当なものを選びなさい。

1）拍手にこたえて、｛a. 指揮者はとうとう退場した。
　　　　　　　　　　b. 指揮者は何度も挨拶をした。

2）参加するしないにかかわりなく、｛a. 返事をください。
　　　　　　　　　　　　　　　　　b. 遅刻してしまった。

3）あの人は昼夜を問わず、｛a. 電話してくるので困る。
　　　　　　　　　　　　　b. 答えは難しかった。

拍手 …… applause/ 鼓掌 / 박수 /vỗ tay

指揮者 …… conductor/ 指挥者 / 지휘자 /người chỉ huy

退場する …… walk out/ 退场 / 퇴장하다 /rời khỏi khán đài

(第3週3日目の解答)
問題1　1) b　2) a　3) b　4) a　5) a
問題2　1) をめぐる　2) について　3) に対する　4) につき
問題3　1) a　2) b　3) b

第3週 5日目

〜もかまわず／〜はともかく／〜ぬきで

「(考えなどに) 入れない、はずす」ことを表現するもの

〜もかまわず

意味　〜を気にしないで

あることを気にしないで平気でいることを表す。

Not worrying about 〜. Expresses that something is no problem and not to be worried about.
不管……。表示对任何事情都不介意。
〜도 개의치 않고. 어떤 일을 걱정하거나 마음에 두지 않음을 나타낸다.
Không bận tâm đến..., dửng dưng không đếm xỉa đến...

接続

V 普通形 ＋ の ｝ ＋ もかまわず
N

<例>　①私の心配もかまわず、弟はまた仕事をやめてしまった。
　　　②人目もかまわず、電車の中で化粧をしている人がいる。
　　　③父は雨に濡れるのもかまわず、急いで出掛けた。

慣用　次のように「も」をつけない慣用的な表現がある。

<例>　①ところかまわずたばこを吸うのはやめてほしい。
　　　②10年ぐらい前まで、なりふりかまわず、毎日柔道だけをやっていた。

化粧 …… makeup/ 化妆 / 화장 /trang điểm

〜はともかく・〜はともかくとして

意味　〜は今は考えないで・〜は別にして

「ある事柄を今は問題にしないで（議論の対象からはずし）、それよりも後文のことを先に考える・問題にする」ことを表す。

Not thinking about 〜 now・setting 〜 aside. Expresses that "some matter is not a problem (not related to the discussion) and what follows will be considered or seen as problem first.

暂且不谈……; 先不管它……。表示「对某事暂且不谈 (不作为谈论的对象)，先考虑后文的事情」。

~ 는 지금은 생각하지 말고・~ 는 차치하고 .「어떤 일을 지금은 문제 삼지 않고 (논의의 대상에서 제외시키고) 그것보다도 뒤 문장의 내용을 먼저 생각하거나 문제 삼음」을 나타낸다 .

Tạm thời không nghĩ đến..., tạm thời gác chuyện...sang một bên. Biểu thị ý là: Sự việc nào đó giờ không phải là vấn đề (không phải đối tượng tranh luận, đề cập), mà trước mắt vấn đề là ở vế sau của câu, cần phải nghĩ đến trước.

接続　N ＋ はともかく（として）

<例> ①出張の日はともかく、いつもは仕事が終わったらスポーツジムに行っている。
②このレストランは、味はともかくとして、値段が安いので人気がある。
③本当に行くかどうかはともかく、パリのガイドブックを買ってみた。

スポーツジム …… gym/ 健身房 / 헬스 클럽 /tập thể dục

人気がある …… popular/ 受欢迎 / 인기가 있다 /được ưa chuộng

～ぬきで・～ぬきに・～ぬきの・～（は）ぬきにして

(1) ～ぬきで・～ぬきに・～ぬきの・～（は）ぬきにして

意味　～入れないで・～なしで

「～がない状態で」「～を考えないで」という意味を示す。

Not including ～・without ～. Means "a situation without ～," or "not thinking about ～."
省去……; 免去……。表現「没有……的状態下」「不去想……」的意思。
～를 빼고・～없이.「～가 없는 상태에서」「～를 생각하지 말고」라는 뜻을 나타낸다
Không đưa vào, không có... Biểu thị ý nghĩa: Ở trạng thái không có..., hay không nghĩ đến...

接続　Ｎ ＋ ぬきで・ぬきに・ぬきにして・ぬきのＮ

＜例＞　①昼食ぬきで４時まで会議をした。
　　　　②この料理はお世辞ぬきにおいしいですね。
　　　　③今夜のパーティーでは、難しい話はぬきにして楽しみましょう。

(2) ～ぬきでは…ない・～ぬきには…ない・～ぬきにしては…ない

意味　～を入れなかったら（～なしでは）…できない（＝～を入れれば…できる）

Without ～ ... is not possible. (=With ～, ... is possible.)
如果不包括 / 没有……就不能 (= 如果包括……就能)
～빼고는 (～없이는) …할 수 없다 (= ～가 있으면 …할 수 있다)
Nếu không có... thì không thể... (nếu có...thì có thể...)

接続　Ｎ ＋ ぬきでは・ぬきには・ぬきにしては…ない

＜例＞　①この件は、社長ぬきでは決定できない。
　　　　②仏教をぬきにしては、この国の文化は説明できないと思う。

お世辞ぬきに …… all flattery aside/ 决不是恭维 / 빈말이 아니라 정말로 /chẳng phải nịnh

仏教 …… Buddhism/ 佛教 / 불교 /đạo phật

第3週 5日目 確認テスト

問題1　正しいものに○をつけなさい。

1) 近所迷惑 {a. はともかく　b. もかまわず}、隣の人は夜中にピアノを弾くので、寝られない。
2) 雨の日 {a. はともかく　b. ぬきに}、いつもは自転車で駅まで行っている。
3) 朝食 {a. ぬきでは　b. もかまわず} 仕事に集中できない。
4) 冗談 {a. もかまわず　b. はぬきにして}、ちゃんと話し合いましょう。
5) 親が {a. 反対　b. 反対するの} もかまわず、ジョンさんは国際結婚をして海外に住んでいる。

迷惑 …… nuisance/ 妨害/ 폐 /phiền hà
集中する …… concentrate/ 集中/ 집중하다 /tập trung

問題2　もっとも適当なものを選び、右と左を結んで文を完成しなさい。

1) ファンの熱い応援ぬきには　・　　・a. 熱戦だったので応援に力が入った。
2) 昨日の試合は天気はともかく　・　　・b. 優勝できなかっただろう。
3) 試合では人目もかまわず　・　　・c. 大声で応援した

応援（する）…… cheer/ 声援/ 응원 (하다) /cổ vũ
熱戦 …… exciting game/ 酣战/ 열전 /trận đấu quyết liệt
優勝する …… win first prize/ 获得冠军/ 우승하다 /vô địch

109ページで答えを確認！

得点　　／8

（第3週4日目の解答）
問題1　1) a　2) b　3) a　4) b　5) a
問題2　1) にかかわらず　2) にこたえて　3) を問わず　4) にもかかわらず
問題3　1) b　2) a　3) a

第4週 1日目

〜にとって(は)／〜として(は)／〜にしたら／〜としたら

> ある立場を表したり仮定を表したりするもの

〜にとって(は)・〜にとっても・〜にとっての

意味　〜の立場から見れば

ある立場やある人から見たときの価値判断・評価を表す。「大切だ、有り難い、大問題だ、無意味だ」などの述語で、その立場やその人はどう感じているかを述べる。

From the point of view of 〜. Expresses value judgment or evaluation from a perspective or person's point of view. Expresses perspective or person's feelings with predicate such as 大切だ・有り難い・大問題だ・無意味だ.

由于……。表示从某个角度和某人的立场, 对于价值进行判断·评价。做为「大切だ・有り難い・大問題だ・無意味だ」的谓语、说明某个角度或某种人的感受。

〜の 입장에서 보면. 어떤 입장이나 사람으로부터 본 가치 판단・평가를 나타낸다. 「大切だ、有り難い、大問題だ、無意味だ」 등의 술어를 수반하여 그 입장이나 그 사람이 받은 느낌을 표현한다.

Nhìn từ lập trường của... Biểu thị đánh giá, kết luận khi nhìn từ lập trường nào đó, từ góc độ của người nào đó. Vị ngữ là những từ như 大切だ・有り難い・大問題だ・無意味だ, diễn tả cảm giác từ lập trường của người đó như thế nào.

接続　N ＋ にとって(は)・にとっても・にとってのN

<例>
① 私にとってこの絵は思い出がある大切なものなので捨てられません。
② 仕事とは彼にとっては毎日の食事より重要なものらしい。
③ 若い人が減っている日本にとっても、年金は大問題だ。
④ 人間や動物にとっての幸せを考えると、環境問題は無視できない。

年金 …… annual pension/ 养老金 / 연금 /tiền trợ cấp hàng năm

環境問題 …… environmental issue/ 环境问题 / 환경 문제 /vấn đề môi trường

無視する …… ignore/ 忽视 / 무시하다 /bỏ qua

～として（は）・～としても

(1) ～として（は）・～としても

意味　～の立場で

立場・身分・資格・役割や名目を表す。
From the point of view of ～. Expresses point of view, position, qualification, role, or reason.
作为……。表示立场、身份、资格、职务和名义。
～의 입장에서. 입장・신분・자격・역할・명목 등을 나타낸다.
Đứng ở lập trường... Dùng để chỉ lập trường, vị trí xã hội, tư cách, vai trò, danh nghĩa.

接続　N ＋ として（は）・としても

<例>　①彼は5年前に留学生として日本へ来た。
　　　②最近、携帯電話を電話としてよりカメラとして使うことが多い。
　　　③京都は日本の古い街として知られている。
　　　④彼女は有名な歌手だが、小説家としても活躍している。

(2) ～としても

意味　もし～場合でも

するかどうか分からないことや今はしないこと、または事実と違うことについて、「もし～する場合でも…」という逆接的な仮定を表現する。
Even if ～ happens. Expresses contrasting hypothetical "what if...?" situation related to something where one doesn't know whether it will happen, that one won't do it now, or that it is different from the actual thing.
即使……也。对于是否将要发生和未发生的事情，而且与事实不同，用于表示「如果做了……情况下」的假设逆接。
만약 ～할 경우에도. 실제로 할지 안 할지 모르는 일이나 지금은 하지 않는 일, 또는 사실과 다른 일에 대해「만약 ～할지라도…」와 같이 역접적인 가정을 표현한다.
Cho dù...cũng... Biểu thị giả định đối lập là: Đối với việc không biết có làm hay không, hay giờ không làm, hay việc khác với thực tế thì: Nếu trường hợp làm...cũng...

接続　V・イA・ナA・N　普通形 ＋ としても

<例>　①雪が降るとしても、すぐ雨にかわってしまうだろう。
　　　②急いでタクシーで帰ってきたとしても会議には間に合わなかっただろう。
　　　③私が大金持ちだとしても、こんなものは買わない。

活躍する …… succeed/ 活跃 / 활약하다 /thành công

第4週 1日目

〜にしたら・〜にすれば・〜にしても

意味　〜の立場で考えると・〜の気持ちでは

その人の立場だったらどんな気持ちかを表現する。「〜にしても」は、それ以外の人も同じような気持ちだという意味が含まれる。

Thinking about 〜 from that person's point of view・feeling 〜. Expresses one's feeling if one was in another's position. 〜にしても includes the idea that one has the same feeling as others.

若是……的话；从……角度。表示站在某人的立场，去体会那个人的心情。「〜にしても」的意思是，除了那个人以外的其他人，所体会到的同样感受。

〜의 입장에서 생각하면. 그 사람의 입장이라면 어떻게 생각할 것인지를 표현.「〜にしても」는 그외 사람도 비슷한 심경이라는 뜻이 포함된다.

Nếu xét trên lập trường của..., theo cảm giác của... Biểu thị nếu xét trên lập trường của người đó thì cảm thấy như thế nào. 〜にしても bao gồm ý nghĩa là ngay cả người khác cũng thấy giống như vậy.

接続　N ＋ にしたら・にすれば・にしても

<例> ①親の期待は子供にしたら迷惑になることもある。
　　　②消費者にすれば高くて使い方が複雑なものより安くて使いやすいものがいい。
　　　③給料が高いほうがいいのは、社長にしても同じだろう。

他　「〜にしても」は「もし〜場合でも」の意味で使うこともある。

<例> ①引っ越すにしても、会社の近くがいい。

期待 …… expectation/ 期待 / 기대 /kỳ vọng

迷惑 …… nuisance/ 麻烦 / 폐 /phiền hà

消費者 …… consumer/ 消费者 / 소비자 /người tiêu dùng

～としたら・～とすれば

意味 もし～の場合

実現するかどうか分からないことや事実と違うことについて、「もし～を事実だと考えた場合」という仮定を表す。

In case ～. Expresses a hypothetical "what if we suppose ～ were a fact?" where one doesn't know if it will come true, or where it is different from the present situation.

如果……的话。对于能否实现的事情和不同的事实，用于表示「想到如果……是事实的情况下」的这个假设。

만약 ~ 일 경우. 실현될지 안 될지 모르는 일이나, 사실과 다른 일에 대해 「만약 ~ 를 사실이라 가정했을 경우」 라는 뜻을 나타내는 가정 표현.

Nếu mà... Biểu thị giả định là: Trường hợp giả sử là sự thật thì thế nào đối với việc không biết có thực hiện hay không hoặc việc khác với sự thật.

接続 V・イA・ナA・N 普通形 ＋ としたら・とすれば

<例> ①行くかどうか分からないが、行くとすればバスで行く。

②日本に留学しなかったとしたら、今頃父の会社で働いていただろう。

③今日が人生最後の日だとしたら、何をしますか。

人生 …… life/ 人生 / 인생 /cuộc đời

整理！
(1) 人・立場 → ～にしたら、～にすれば、～にとって
(2) もし～場合（でも） → ～としたら、～とすれば
(1) と (2) の意味 → ～として（も）、～にしても

第4週 1日目 確認テスト

問題1　正しいものに○をつけなさい。

1) 私は長い間、看護師 {a. としたら　b. として} 働いていました。
2) 結婚する {a. にすれば　b. としても}、結婚式はしないつもりだ。
3) 私 {a. にとって　b. としたら} 家族は宝物です。
4) このまま不景気が続く {a. としては　b. とすれば} 私達の会社も安心してはいられない。
5) 友達 {a. としては　b. にとっては} 彼が好きだが、一緒に仕事をするのは大変だ。
6) 宝くじが {a. あたり　b. あたった} としたら、世界旅行がしたい。

宝物 …… treasure/ 宝物 / 보물 /báu vật
不景気 …… recession/ 不景气 / 불경기 /tình hình kinh tế suy thoái
宝くじ …… lottery/ 彩票 / 복권 /xổ số

問題2　（　）に入る適当な言葉を□□から選びなさい。同じ言葉は一度しか使えません。

としては　　としても　　としたら

1) 生まれ変わる（　　　　）、何になりたいですか。
2) 父が病気になったとき、私は医者（　　　　）何もできなかったが、家族みんなで過ごせたことは良かったと思っている。
3) 海外旅行へ行く（　　　　）、来年のことだ。今年は忙しくて行けない。

過ごす …… spend/ 度过 / 지내다 /vượt qua
生まれ変わる …… be born again/ 来世 / 다시 태어나다 /sinh ra lần nữa

問題3 どちらか適当なものを選びなさい。

1) 大学生にとっては ｛ a. 授業よりアルバイトのほうが大切だ。
　　　　　　　　　　　 b. 毎日アルバイトをしている人が多い。

2) 卒業論文のテーマとして、 ｛ a. 北野武の映画を選んだ。
　　　　　　　　　　　　　　　 b. 映画を見るのが好きだ。

3) 社長は一日でも多く私達を働かせたいようだが、社員にすれば

　｛ a. 休みをとるつもりだ。
　　 b. 休みは多いほうが嬉しい。

論文 …… thesis/ 论文/ 논문 /luận văn

北野武 …… Takeshi Kitano (a Japanese comedian and filmmaker)/ 北野武作为滑稽演员，电影导演而活跃/ 기타노 다케시，개그맨，영화감독으로서 활약 /Kitano Takeshi (diễn viên hài, đạo diễn phim)

115ページで答えを確認！

得点 /12

（第3週5日目の解答）
問題1　1) b　2) a　3) a　4) b　5) b
問題2　1) b　2) a　3) c

第4週 2日目

〜からいうと／〜からすると／〜から見ると／〜からして

「から」がつく言い方で、どこから見ているか、観点を示すもの

〜からいうと・〜からいえば・〜からいって

意味　〜の点から考えると

ある点やある立場からの考えや判断を言う。人を表す名詞にはつかない★。

Thinking about it from the perspective of 〜 . Expresses thought or judgment on something from a certain point of view or perspective. Noun cannot be a person.

由于……，基于……。表示从某个着眼点和立场来考虑、判断事物。不能接续表示人物的名词。

〜면에서 생각하면. 어떤 관점이나 입장에서의 생각 및 판단에 대해 표현. 사람을 나타내는 명사에는 붙지 않는다.

Nhìn từ quan điểm... Nói suy nghĩ và kết luận từ góc độ, lập trường nào đó. Lưu ý: không cho vào sau danh từ chỉ người.

接続　N ＋ からいうと・からいえば・からいって

<例> ①栄養士の立場からいうと、もっと塩を減らしたほうがいい。

②値段からいえばこれが安くていいが、長く使うので性能がいいものを買いたい。

③彼女の性格からいって、遅刻はしないと思う。

★こんな文はだめ！

×栄養士からいうと、もっと塩を減らしたほうがいい。

栄養士 …… nutritionist/ 营养师 / 영양사 /nhà nghiên cứu về lĩnh vực dinh dưỡng

性能 …… performance/ 性能 / 성능 /tính năng

～からすると・～からすれば

意味　～の点から考えると

ある立場から判断したことを言ったり（例①②）、ある状況から推測したことを言ったり（例③④）する表現。
Thinking about it from the perspective of ～. Expresses a judgment about something from a certain perspective (Ex. 1, 2) or conjecture about something from a certain context (Ex. 3, 4).
从……来说。表示站在某个立场来判断说明（例①②）、通过某种状态进行推测说明（例③④）。
~ 면에서 생각하면. 어떤 입장에서 판단하거나 (예①②), 어떤 상황에 관해 추측하여 말할 때 (예③④) 쓰는 표현.
Nhìn từ lập trường của... Khi thì nói về kết luận từ lập trường nào đó (ví dụ 1, 2), khi thì nói về dự đoán từ tình hình nào đó (ví dụ 3, 4).

接続　N ＋ からすると・からすれば

＜例＞
① 親からすれば、子供には安定した仕事に就いてもらいたい。
② 研究者の立場からすると、この図書館は資料が多いので、なくなったら困る。
③ 彼の表情からすると、試合に負けたようだ。
④ 彼女の語学力からすれば、海外生活は問題ないだろう。

安定した …… stable/ 稳定 / 안정된 /ổn định

〜から見ると・〜から見れば・〜から見て・〜から見ても

意味　〜の点から考えると

ある点やある立場からの考えや判断を言う。

Thinking about it from the perspective of 〜. Expresses thinking or judging something from a point of view or perspective.

从……来看。表示以某个着眼点和立场来考虑、判断事物。

~ 면에서 생각하면. 어떤 면, 혹은 어떤 입장에서 본 생각이나 판단을 나타낸다.

Nhìn từ..., xét theo... Biểu thị suy nghĩ và kết luận từ góc độ, lập trường nào đó.

接続　N　+　から見ると・から見れば・から見て・から見ても

<例>　①新しいホームページは情報セキュリティの面から見ると問題がある。

②彼女は友達が少ないようだが、上司の私から見れば、まじめに仕事をするいい人だ。

③この車はデザインもいいし、環境の面から見てもすばらしい。

④どこから見ても、これは偽物だ。

情報セキュリティ …… information security/ 情報安全性 / 정보 보안 /bảo mật thông tin

上司 …… boss/ 上司 / 상사 /cấp trên

偽物 …… fake/ 冒牌货 / 위조품 /đồ giả

～からして

(1) 意味　～の点から考えると

ある状況から推測したことを表現する。そのため人を表す名詞にはつかない。

Thinking about it from the perspective of ～. Expresses conjecture about something from certain context, so noun cannot be a person.

从……来看。表示通过某种状态进行推测。因此，不能接续表现人物的名词。

~ 면에서 생각하면. 어떤 상황으로부터 추측한 것을 표현. 사람을 가리키는 명사에는 붙지 않는다.

Xét từ...mà phán đoán. Biểu thị việc phán đoán từ tình hình nào đó. Do vậy không cho vào sau danh từ chỉ người.

接続　　N ＋ からして

＜例＞　①彼女の性格からして、知っていたら必ず教えてくれるだろう。
　　　　②日本に12年も住んでいることからして、彼は日本語がかなりうまいはずだ。

(2) 意味　第一の例の～でさえ

一つの例を挙げて、「この例だけから判断しても」「これでも（これさえ）そうなのだから、他も当然そうだ」と言いたいときの表現。

Just from this one example of ~. Expression used to give one example. Expresses "Judging from just this one example" or "(Even) this one is true, so the others are obvious."

从……来看。表示通过某一个事例，「从举的例得出的判断」「根据所举的例，由此推测出的结论」得出判断。

그 중 한 예인 ~를 봐도. 예를 하나 들어「이 예만 봐도」「이 예를 봐도 그러하므로 나머지는 말할 것도 없다」는 뜻을 나타낸다.

Ngay cả... Dùng khi muốn đưa ra một ví dụ và chỉ từ ví dụ đó thôi cũng phán đoán được hay chính vì ví dụ đưa ra đó nên những cái khác cũng là đương nhiên thôi.

接続　　(1) と同じ

＜例＞　①今年の新入社員は常識がない。挨拶からして、きちんとできない。
　　　　②あのレストランはとてもおいしくて有名だ。材料からして他の店と違う。

常識 …… common sense/ 常识 / 상식 /kiến thức thông thường
きちんと …… properly/ 像样的 / 바르게 /chin chu
材料 …… ingredient/ 材料 / 재료 /nguyên liệu

第4週 2日目

確認テスト
かくにん

問題1　正しいものに○をつけなさい。

1) 消費者の立場 {a. とすれば　b. からすると}、1円でも安いほうがいい。
2) 自分 {a. としては　b. からしては} 正しいことを言ったつもりです。
3) この街はどうしても好きになれない。天気 {a. からいえば　b. からして} 好きじゃない。
4) 教師 {a. からいって　b. からすれば}、一人でも多くの学生に合格してほしいものだ。
5) このスーツケースの {a. 重い　b. 重さ} からいって、機内持込は無理だろう。

> 消費者 …… consumer/ 消费者 / 소비자 /người tiêu dùng

問題2　どちらか適当なものを選びなさい

1) この字からすると、
   - a. 彼が書いたものではないだろう。
   - b. とてもきれいに書かれている。

2) 大人から見ると、
   - a. 子供達はゲームをしていた。
   - b. つまらないゲームだが、子供達は真剣だ。

3) スポーツジムやプールがあるので、施設の面からいうと、
   - a. このホテルに泊まった。
   - b. このホテルのほうがいい。

4) あの態度からして、
   - a. 彼は優しくて頭がいいそうだ。
   - b. 彼は今日は仕事をする気がなさそうだ。

> 真剣な …… serious/ 认真 / 진지한 /thú vị
> スポーツジム …… gym/ 健身房 / 헬스클럽 /tập thể dục
> 施設 …… facility/ 设施 / 시설 /cơ sở vật chất

問題3　最も適当なものを選び、右と左を一つずつ結んで文を完成しなさい。

1）親からして　　　　　・　　　　　・a. 子供のけがは軽かったみたいだね。

2）親から見れば　　　　・　　　　　・b. きちんと挨拶できないんだから、子供ができないのは当然だよ。

3）親の様子からすると　・　　　　　・c. 子供は何歳になっても心配なものなんだよ。

> きちんと …… decently/ 像样的 / 바르게 /chính xác

121ページで答えを確認！

得点　　／12

（第4週1日目の解答）
問題1　1）b　2）b　3）a　4）b　5）a　6）b
問題2　1）としたら　2）としては　3）としても
問題3　1）a　2）a　3）b

第4週 3日目　～ことから／～というと／～からといって／～といっても

> 後ろの3つは「～と言う」から出た言い方

～ことから

意味　～ので

理由・根拠を表す。後文には「～が分かる」「～と言える」「～と呼ばれる」「～と考えられる」などが来ることが多い。

Due to ～. Expresses reason/grounds. What follows often contains,「～が分かる」,「～と言える」,「～と呼ばれる」,「～と考えられる」etc.

从……来看。表示理由、根据。后面经常接续「～が分かる」「～と言える」「～と呼ばれる」「～と考えられる」等语句。

～기 때문에. 이유·근거를 나타낸다. 뒤 문장에는 주로「～が分かる」「～と言える」「～と呼ばれる」「～と考えられる」등이 온다.

Bởi vì... Biểu thị lí do, căn cứ. Thường về sau hay có những từ như ～が分かる, ～と言える, ～と呼ばれる, ～と考えられる.

接続
$$\left.\begin{array}{l} \text{V・イA　普通形} \\ \text{ナA・N　名詞修飾型} \end{array}\right\} + \text{ことから}$$

（ただし、Nは「Nの」ではなく「Nである」。ナAは「ナAな」と「ナAである」の両方使う。）

<例>
① 窓があいていたことから、犯人は窓から逃げたことが分かった。
② このような本がよく売れることから、日本人は血液型占いが好きだと言えます。
③ ここは、昔、六本の松の木があったことから、六本木と呼ばれるようになった。
④ この辺りは星がきれいなことから、観光名所になった。

犯人 …… criminal/ 犯人 / 범인 /thủ phạm

血液型 …… blood type/ 血型 / 혈액형 /nhóm máu

占い …… fortune-telling/ 占卦 / 점 /bói toán

松 …… pine/ 松树 / 소나무 /cây thông

観光名所 …… tourist spot/ 旅游名胜 / 관광 명소 /khu thăm quan

～というと・～といえば・～といったら

(1) ～というと・～といえば・～といったら

意味 ～と聞いて、思い出す（思い浮かぶ）のは

話題に関する代表的なものや、その語から連想することなどを言うときに使う。
Hearing ～ reminds one of (brings to mind)... Expresses something representative of the topic, or something associated with the word, etc.
一提到……就联想到……。说明有关的话题是具有代表性的事物和由此话题引起联想。
～라고 하면 생각나는 (떠오르는) 것은. 화제에 관한 대표적인 것이나 그 말이 연상케 하는 것 등을 말할 때 쓰는 표현.
Đưa ra một ví dụ tiêu biểu liên quan đến chủ đề..., từ chủ đề đó chợt nhớ ra, liên tưởng...

接続 V・イA・ナA・N　普通形　＋　というと・といえば・といったら
（ただし、Nは「だ」がつかない。）

<例>
① 試験というと嫌だと思うかもしれませんが、3分ぐらいで終わります。
② 「歌舞伎を見るのが好きで、ときどき見に行きます。」
「歌舞伎を見るといえば、歌舞伎座は建て直すそうですね。」
③ 夏の食べ物といったら、すいかですよ。

(2) ～といったら

意味 ～は、すごくて

驚いたことを強調するときに使う言い方。
～ is very... Emphasizes when something is surprising.
说到……。表示强调惊讶时使用。
～는 대단해서. 놀란 것을 강조할 때 쓰는 표현.
Nói về... thì cực kỳ... Dùng khi muốn nhấn mạnh sự ngạc nhiên.

接続 N　＋　といったら

<例>
① 高校生の携帯電話の普及率といったら、たぶん100％近いでしょう。
② 最近の彼女の忙しさといったら、トイレに行く時間もないぐらいだ。

すいか …… watermelon/ 西瓜 / 수박 /dưa hấu

普及率 …… penetration rate/ 普及率 / 보급률 /tỷ lệ phổ biến

～からといって・～からって

意味 ～だけの理由で

「それだけの理由で…とは言えない」「それだけの理由では判断できない」ことを意味し、普通考えられることとは違うことを示す。後文には「～とは限らない」「～わけではない」などの否定的表現が来る。「～からって」は口語的表現。

Solely because of ～. Means "You can't say...merely because of that." or "It cannot be judged based only on that." Expresses that something is different from what one would normally expect. Followed by negative phrases such as "not always ～" or "not necessarily ～." ～からって is a spoken expression.

不能因为……就……。带有「仅仅根据那种理由很难说……」「就根据那种理由不能得出判断」的意思，用来表示不同于常理。后面经常和「～とは限らない」「～わけではない」等表示否定的语句相接。「～からって」多用于口语。

～ 라는 이유만으로. 「그 정도의 이유로 …라고 할 수 없다」「그런 이유만으로는 판단할 수 없다」 는 뜻으로, 흔히 생각하는 것과는 다름을 나타낸다. 뒤에는 「반드시 ～ 하는 것은 아니다」「꼭 ～ 하다고만 할 수는 없다」 등 부정적인 표현이 온다. 「～ からって」 는 구어적 표현.

Chỉ vì lí do... Có ý nghĩa là: Nếu chỉ với lí do như thế thì không thể nói là..., hay nếu chỉ với lí do như thế thì không thể kết luận là..., hay biểu thị việc khác với suy nghĩ thông thường. Về sau thường là cách nói phủ định như ～とは限らない, ～わけではない. Trong văn nói là: ～からって.

接続　V・イA・ナA・N　普通形　+　からといって・からって

<例>　①契約したからといって安心できない。早く全額受け取ったほうがいい。

②日本人だからといって、正しい敬語が使えるわけではない。

③社員が親切だからって、それだけで就職先を決めちゃだめだよ。

契約する …… contract/ 契约 / 계약하다 /ký kết

～といっても

意味　～が、実は

「～と聞いて想像することや期待することとは違って、実際は…」という意味。
～ is actually... Means "it's actually ～, in contrast to what one would imagine or expect when one hears ～."
即是说……也……。「听到的,想到的和期待的结果不同,实际上是……」的意思。
~ 지만 사실은 .「~ (이) 라 듣고 생각하거나 기대했던 것과는달리 실제로는…」의 뜻 .
Dù là...nhưng thực tế... Biểu thị ý nghĩa thực tế trái ngược với tưởng tượng, mong đợi.

接続　Ｖ・イＡ・ナＡ・Ｎ　普通形　＋　といっても
（ただし、ナＡとＮは「だ」がつかない場合もある。）

＜例＞
①先月引っ越しました。引っ越したといってもアパートの階がかわっただけですが。
②暑いといっても、ここは京都の夏よりは涼しい。
③安全な国だといっても、この国でも最近は犯罪が増えている。
④デザイナーといっても、私は洋服のデザイナーではなくてウェブデザイナーです。

犯罪 …… crime/ 犯罪 / 범죄 /tội phạm

第4週 3日目

確認テスト

問題1　正しいものに○をつけなさい。

1) 旅行 {a. というと　b. からといって} ハワイの海を思い出す。
2) 寒い {a. といったら　b. といっても}、まだコートを着ないで出掛けられます。
3) 店の前に行列ができている {a. からといって　b. ことから}、人気がある店だと分かる。
4) けがをした時の痛さ {a. といったら　b. からって}、説明できない。
5) 大阪 {a. といえば　b. からといえば}、たこ焼きが有名ですよ。

> 行列 …… line of people / 队列 / 행렬 / hàng
> 人気がある …… popular / 受欢迎 / 인기가 있다 / được nhiều người ưa chuộng

問題2　次の文と同じ意味の「といったら」を使っている文を一つ選びなさい。

◆そのモデルの美しさといったら、ことばにできない。

a. 頭もいいし服のセンスもいいねといったら、彼は恥ずかしがっていた。
b. チョコレートといったら、ベルギーが有名ですよ。
c. このゲームの楽しいことといったら、食事も忘れてしまうぐらいだ。
d. 日本の観光地といったら、私は最初に京都が思い浮かぶ。

> 思い浮かぶ …… come to mind / 想起 / 생각나다 / nghĩ đến

問題3　どちらか適当なものを選びなさい。

1）最近、年金に関するニュースが多いことから、
　　a. 両親は年金で生活している。
　　b. 日本では年金が大問題になっていることが分かる。

2）朝ごはんを食べるのをやめたからといって、
　　a. 少しずつやせた。
　　b. やせるわけではない。

3）兄はベトナム語が分かるといっても、
　　a. 簡単な言葉だけです。
　　b. 先月ベトナムへ行きました。

年金 …… annual pension / 养老金 / 연금 / tiền trợ cấp hàng năm

やせる …… become thin / 体重減軽 / 살이 빠지다 / giảm cân

問題4　正しい文に○、間違っているものに×を書きなさい。

1）（　）私は朝早く起きられなかったからといって、朝食を食べなかった。

2）（　）彼の声の美しさといっても、他の誰にも真似できない。

3）（　）この川に魚がまた住み始めたことから、水がきれいになったことが分かります。

127ページで答えを確認！

得点　／12

（第4週2日目の解答）
問題1　1）b　2）a　3）b　4）b　5）b
問題2　1）a　2）b　3）b　4）b
問題3　1）b　2）c　3）a

第4週 4日目

～とおり（に）／～に沿って／～に基づいて／～をもとに

> 言動の元や基準、参考にするもの

～とおり（に）・～どおり（に）

意味 　～と同じように

In the same manner as ～.
按……的样子
～와 똑같이.
Giống như..., theo đúng...

接続

V　辞書形・た形 ⎫
　　　　　　　　⎬ ＋ とおり（に）
Nの　　　　　 ⎭

N ＋ どおり（に）

<例>
①みなさん、私のやるとおりにヨガのポーズをしてください。

②そのモデルは雑誌で見たとおり、とてもきれいな人だった。

③言わないで黙っているより、思ったとおりに言ったほうがいいよ。

④講演は予定どおり行われた。

講演 …… lecture/ 演讲 / 강연 /bài giảng

～に沿って・～に沿い・～に沿う・～に沿った

意味　～に合うように

川や道など長いもの、または方針、意向などを表す言葉につく。

Along/in accordance with ～. Used with long things such as rivers and streets, or plans and intentions.
按照……。经常同表示河流和道路等长条状的事物、与方针、意向等语句相接。
~에 따라. 강이나 길 등 긴 것, 또는 방침이나 의향 등을 표현하는 말에 붙는다.
Theo, theo như… Thường đi sau các từ thể hiện chiều dài như sông, đường hay chỉ phương châm, chí hướng, vv…

接続　N ＋ に沿って・に沿い・に沿うN・に沿ったN

<例> ①川に沿って歩いて散歩をした。
②患者の希望に沿って治療の方法を決めたいと思う。
③学校の教育理念に沿った授業が行われているだろうか。

患者 …… patient/ 患者 / 환자 /bệnh nhân

治療 …… medical treatment/ 治疗 / 치료 /sự điều trị

教育理念 …… education philosophy/ 教育理念 / 교육 이념 /cơ sở vật chất

第4週4日目

〜に基づいて・〜に基づき・〜に基づく・〜に基づいた

意味　〜を基盤にして

考え方の基盤や根拠を示し、それから離れないようにやることを表す。

Based on 〜．Gives a foundation or grounds for an idea, expressing that something will be done without deviating from it.

按照……。表示遵循事物的基准和标准。

〜를 바탕으로．사고 방식의 기반과 근거를 나타내며 그것에서 벗어나지 않도록 함을 나타낸다．

Lấy... làm cơ sở, căn cứ. Chỉ cơ sở, căn cứ để suy nghĩ rồi bám theo đó mà làm.

接続　N ＋ に基づいて・に基づき・に基づくN・に基づいたN

<例>　①この女子大学はキリスト教の精神に基づいて教育が行われている。

　　　②歴史的事実に基づき、この映画が作られた。

　　　③年間目標に基づいた月間目標を決めなければならない。

精神 …… spirit/ 精神 / 정신 /tinh thần

事実 …… fact/ 事实 / 사실 /sự thật

年間目標 …… annual goal/ 年度目標 / 연간 목표 /mục tiêu hàng năm

月間目標 …… monthly goal/ 月份目標 / 월간 목표 /mục tiêu hàng tháng

〜をもとに・〜をもとにして

意味　〜を素材にして

原型を示したり、材料やヒントにしたものを示す。後文には「作る・書く・開発する」などの意味の言葉が来ることが多い。

Use 〜 for materials. Expresses use of an original model, materials, or hint. What follows often contains words meaning 作る・書く・開発する．

以……为根据。表示对作为原形或材料的东西进行暗示。后面经常和具有「作る・書く・開発する」意思的语句相接。

~ 를 소재로 하여. 원형을 가리키거나 재료, 힌트로 삼은 것 등을 나타낸다. 뒤에는「作る・書く・開発する」등의 뜻을 지닌 말이 오는 경우가 많다.

Lấy... làm cơ sở, tài liệu. Khi thì chỉ đó là nguyên mẫu để làm theo, khi thì chỉ đó là tài liệu, gợi ý để tham khảo làm theo. Vế sau của câu thường có những từ có nghĩa 作る・書く・開発する．

接続　　N ＋ をもとに・もとにして

<例> ①この小説はギリシャ神話の悲劇をもとにして書かれた。

② 我が社はアメリカでの実績をもとに、ヨーロッパにも支店を作る予定だ。

③皆さんの意見をもとに、もっといいものに変えていこうと思います。

ギリシャ神話 …… Greek mythology/ 希腊神话 / 그리스 신화 /thần thoại Hy lạp

悲劇 …… tragedy/ 悲剧 / 비극 /bi kịch

我が …… my, our/ 我 , 我们 / 우리 /của tôi, của chúng tôi

実績 …… actual achievement/ 实际业绩 / 실적 /kết quả thực tế

支店 …… branch/ 支店 / 지점 /chi nhánh

第4週 4日目 確認テスト

問題1　正しいものに○をつけなさい。

1) ひらがなとカタカナは漢字 {a. に沿って　b. をもとに} 作られた。
2) 道路 {a. どおりに　b. に沿って} 花が咲いている。
3) 写真 {a. のとおり　b. をもとに}、きれいな景色だった。
4) ファーストフード店の店員はマニュアル {a. に沿って　b. にとおり} 客に対応する。
5) 彼の作文はテーマ {a. に沿い　b. に沿う} ものではなかった。
6) 試合では監督の指示 {a. とおりに　b. どおりに} 動いた。

> 監督 …… manager/ 教练 / 감독 /huấn luyện viên
> 指示 …… instructions/ 指示 / 지시 /chỉ đạo

問題2　(　　　)に入る適当な言葉を　　　　から選びなさい。同じ言葉は一度しか使えません。

| とおりに　　に沿って　　に基づいて |

1) この小説は本当にあった話（　　　　）書かれた。
2) ナイル川（　　　　）エジプトを旅行した。
3) 説明書に書いてある（　　　　）使えば問題ありません。

問題3　どちらか適当なものを選びなさい。

1）今、流行しているこの歌は、ショパンの曲をもとにして { a. 作られた。
　　　　　　　　　　　　　　　　　　　　　　　　　　　b. 人気がある。

2）配られたレジュメに沿って、 { a. 会議が進められた。
　　　　　　　　　　　　　　　b. 分からないことがあった。

3）国の法律に基づいて { a. 裁判が行われる。
　　　　　　　　　　　b. 守らなければならない。

流行する …… become popular/ 流行/ 유행하다/ thịnh hành

人気がある …… popular/ 受欢迎/ 인기가 있다/ được nhiều người ưa chuộng

配る …… hand out/ 分发/ 배포하다/ tiến trợ cấp hàng năm

裁判 …… trial/ 审判/ 재판/ sự xét sử

133ページで答えを確認！

得点　／12

（第4週3日目の解答）
問題1　1）a　2）b　3）b　4）a　5）a
問題2　1）c
問題3　1）b　2）b　3）a
問題4　1）×　2）×　3）○

第4週 5日目

～のもとで／～を中心に／～を～として／～ように

位置づけや目標に関係した表現

～のもとで・～のもとに

意味　～の影響を受けて・～の下で

ある環境や条件の影響を受けながら、何かをすることを表す。

Influenced by ～・under ～. Expresses doing something under influence of some environment or condition.

在……条件下；在……下。表示做某事的时候，受到某种环境的影响。

～의 영향을 받아・～하에. 어떤 환경이나 조건의 영향을 받으며 무언가를 함을 나타낸다.

Chịu ảnh hưởng..., dưới... Biểu thị việc vừa chịu ảnh hưởng của môi trường, điều kiện nào đó, vừa làm việc gì đó.

接続　N ＋ のもとで・のもとに

<例> ①田村先生の厳しい指導のもとで弟が柔道が上達した。

②子供は太陽のもとで元気に遊んだほうがいい。

③人権は法のもとに守られている。

指導 …… coaching/ 指导 / 지도 /chỉ đạo

上達する …… make progress/ 进步 / 향상되다 /tiến bộ

太陽 …… sun/ 太阳 / 태양 /mặt trời

人権 …… human rights/ 人权 / 인권 /nhân quyền

法 …… law/ 法律 / 법 /luật pháp

～を中心に・～を中心として・～を中心にして

意味　～を主なものにして・～を真ん中にして

Centering on ～ . around ～ .

以……为主・以……为中心。

~ 를 주된 것으로 하여・~ 를 중심으로.

Lấy... làm trung tâm, lấy... là thứ quan trọng nhất.

接続　　N ＋ を中心に・を中心として・を中心にして

＜例＞
① 吉田先生はゲーテを中心にドイツ文学を研究している。
② 地球は太陽を中心に回っている。
③ 東京を中心として広い範囲で地震があった。
④ 食事療法を中心にして病気を治した。

ゲーテ …… (Johann Wolfgang von) Goethe/ 歌德 / 괴테 /Geothe (nhà thơ người Đức)

太陽 …… sun/ 太阳 / 태양 /mặt trời

食事療法 …… alimentary therapy/ 食疗法 / 식이 요법 /sự điều trị bằng dinh dưỡng

129

第4週5日目

〜を〜として・〜を〜とする・〜を〜とした

意味　〜は〜だ

「AをBとして」で「AはBだ（と位置づける）」という意味を示す。

〜 is 〜 . Expresses that "A is B"(ranking it in relation to other things).
把……做为。用「A作为B」表示「A是B(或处于这种位置)」的意思。
〜는 〜이다. 「A를 B로서」의 꼴로「A는 B이다 (A를 B로 정하다)」는 뜻을 나타낸다.
Lấy...làm... Biểu thị ý nghĩa: Lấy A làm B, hay gắn cho A vị trí B.

接続　N ＋ を ＋ N ＋ として・とするN・としたN

<例>　①佐藤さんをリーダーとして新しいプロジェクトチームが作られた。
　　　②市民の情報交換を目的としたホームページを作った。
　　　③これは米を原料として作られた酒です。

情報交換 …… information exchange/ 信息交换 / 정보 교환 /trao đổi thông tin

目的 …… objective/ 目的 / 목적 /mục đích

原料 …… basic ingredient/ 原料 / 원료 /nguyên liệu cơ bản

〜ように

(1) 意味 〜とおり
As 〜 . ／如……。／ 〜 와 같이 . ／ Giống như là...

接続 V 普通形
Nの } + ように

<例> ①最初に言ったように、今日ここで聞いたことを実行することが大切です。
②出張のスケジュールは次のように決まりました。

(2) 意味 〜ことを目的に・〜を期待して

目的を表す。「〜ように」の前は無意志動詞(人の意志に関わらない行為や人の意志でコントロールできないことを表す動詞、例①)、可能の意味を表す動詞(例②)、ない形の動詞(例③)が来る★。

In order to achieve 〜・hoping for 〜 . Expresses a purpose. Preceded by a non-volitional verb (one that describes an action not related to human volition, or one which cannot be controlled by one's volition, Ex. 1), a verb which expresses possibility (Ex. 2), or a ない verb (Ex. 3).

为了……; 以免……。表示目的。「〜ように」的面面接续无意识动词(表示与人的意识无关之行为和不受人的意识控制的事物，例①)，经常和可能动词(例②)、否定动词(例③)相接。

〜 를 목적으로 . ・〜 를 기대하고 . 목적을 나타낸다 . 「〜ように」앞에는 무의지동사 (無意志動詞 : 인간의 의지와는 상관없는 행위 , 혹은 인간의 의지로는 조절할 수 없음을 나타내는 동사 , 예①) , 가능을 나타내는 동사 (예②) , ない형의 동사 (예③) 가 온다 .

... để ..., ...sao cho.... Biểu thị mục tiêu, mục đích, mong muốn. Trước 〜ようにlà động từ không ý chí (động từ thể hiện hành động không có ý chí, việc không thể kiểm soát được bằng ý chí như ví dụ 1) hay động từ chỉ khả năng (ví dụ 2) hay động từ thể ない (ví dụ 3).

接続 V 辞書形・ない形・可能形 + ように

<例> ①風邪が早く治るように、薬を飲みます。
②速いボールが投げられるように毎日練習している。
③忘れないように手帳に書いておいてください。

★こんな文はだめ！
×明日の朝、早く出掛けるように今晩準備しておこう。

実行する …… carry out/ 实行 / 실행하다 /thực hiện

第4週 5日目

確認テスト

問題1　正しいものに○をつけなさい。

1) 昨日話した{a. のもとに　b. ように}、今日は午後から会議をします。
2) このゲームは高校生{a. のもとに　b. を中心に}、若い人に売れている。
3) 私は祖父母{a. として　b. のもとで}育ちました。
4) A大学合格を目標{a. として　b. のように}一生懸命勉強した。
5) この化粧品は石油を原料{a. とした　b. として}ものだ。
6) もっと長く{a. 泳ぐ　b. 泳げる}ように、練習している。

目標 …… goal/ 目标 / 목표 /mục tiêu
化粧品 …… cosmetics/ 化妆品 / 화장품 /mỹ phẩm
石油 …… petroleum/ 石油 / 석유 /dầu mỏ
原料 …… raw material/ 原料 / 원료 /nguyên liệu cơ bản

問題2　(　　)に入る適当な言葉を□から選びなさい。同じ言葉は一度しか使えません。

| として　　のもとに　　ように |

1) 田村さんを監督（　　　　）野球チームが作られた。
2) 必ず返すという約束（　　　　）、両親に留学費用を借りた。
3) 遅れない（　　　　）早く家を出た。

監督 …… manager/ 教练 / 감독 /huấn luyện viên
費用 …… expense/ 费用 / 비용 /chi phí

問題 3　どちらか適当なものを選びなさい。

1）このサッカーチームはリーダーを中心として ｛ a. よく団結している。
　　　　　　　　　　　　　　　　　　　　　　　 b. ほかのスポーツチームもある。

2）後ろに座っている人にも聞こえるように ｛ a. うるさかった。
　　　　　　　　　　　　　　　　　　　　　 b. 大きい声で話した。

3）彼は山本教授の指導のもとに ｛ a. 尊敬していた。
　　　　　　　　　　　　　　　　 b. 研究を続けた。

団結する …… team up as a group/ 団结 / 단결하다 /đoàn kết

139ページで答えを確認！

得点　／12

（第4週4日目の解答）
問題1　1）b　2）b　3）a　4）a　5）b　6）b
問題2　1）に基づいて　2）に沿って　3）とおりに
問題3　1）a　2）a　3）a

第5週 1日目

～次第で／～によって／～によると

「次第」「による」「によって」が使えるようになろう

～次第で・～次第では・～次第だ

意味 ～に対応して変わる・～によって決まる

「～」に対応して、何かが決まったり結果が変わったりすることを表す。

Changes depending on ～・something will be decided based on ～. Expresses that something will be decided or will be changed depending on ～.

根据……; 要看……而定。表示为了适应「～」，决定什么事情或者结果发生了变化。

～에 따라 변하다・～에 따라 결정되다. 「～」의 됨됨이나 하기에 달림을 뜻한다.

Do... nên thay đổi, dựa vào... mà quyết định. Biểu thị việc dựa vào việc gì đó mà quyết định hay kết quả sẽ thay đổi tùy thuộc vào cái đó.

接続 N ＋ 次第で（は）

<例> ①その日の天気次第で試合をするかどうかが決まります。

② 検査の結果次第では、入院するかもしれません。

③ 合格するかどうかは、あなたの努力次第です。

→ ～次第［第1週4日目］p.34

～次第だ［第2週2日目］p.55

検査 …… checkup/ 检查 / 검사 /kiểm tra

努力 …… effort/ 努力 / 노력 /nỗ lực

～によって・～により・～による・～によっては

(1) ～によって・～により・～による

意味 ～に応じてそれぞれ変わる

「～」に対応して、異なる物事を表す。後ろには「違う・変わる・いろいろだ」という意味の内容の文が来る。
Changes in various ways depending on ～. Expresses that the thing changes in relation to ～. Followed by sentences with 違う・変わる・いろいろだ.
由于……的不同而……不同。为了对应「～」，说明不同的事物。后面接续含有「違う・変わる・いろいろだ」等内容的语句。
～에 따라 각각 변화한다.「～」의 조건에 따라 대응하는 일의 종류가 여러가지 있음을 나타낸다. 뒤에는「違う・変わる・いろいろだ」등의 뜻을 지닌 문장이 온다.
Ứng với... mà có sự khác nhau. Biểu thị ý nghĩa: Ứng với... mà sự việc khác nhau. Vế sau là câu có ý nghĩa 違う・変わる・いろいろだ.

接続　N ＋ によって・により・によるN

<例>
① ここから見える景色は季節によって変化する。
② その日の気分によって、朝食は食べたり食べなかったりする。
③ 人により考え方は異なるものだ。

(2) ～によっては

意味 ある～の場合には

幾つかの状況が考えられることについて、「ある状況・ある場合では…のこともある」と言いたいときに使う表現。
In case of ～. Expresses that "In certain conditions/situations, ... is also possible" where it is possible to think about several situations.
根据……。表示在多种情况下，用于说明「在某种情况，某种场合下……也有可能会……」时使用。
경우에 따라서는. 여러 상황을 생각할 수 있는 경우「어떤 상황・어떤 경우에는 … 할 수도 있다」는 뜻을 나타낸다.
Có trường hợp...mà... Dùng khi muốn nói về việc một vài tình huống được nghĩ tới là: Trong hoàn cảnh hay trường hợp nào đó cũng có việc là...

接続　N ＋ によっては

<例>
① 仕事が終わる時間によっては、パーティーに間に合わないかもしれない。
② 敬語は言い方によっては相手が嫌な気持ちになることもある。
③ 父の体調が悪いので、場合によっては病院へ連れて行くつもりです。

気分 …… mood/ 心情 / 기분 /tâm trạng

異なる …… differ/ 不同 / 다르다 /khác nhau

(3) ～によって・～により・～による

意味　～で

原因や手段・方法などを示す。少し硬い言い方。
Through ～. Expresses a cause, procedure, or method. Slightly formal.
通过……。表示原因和手段、方法等。口气比较生硬。
～로. 원인・수단・방법 등을 나타내는 조금 딱딱한 표현.
Bởi, do... Biểu thị lí do, cách thức, phương pháp. (Đây là cách nói hơi nhấn mạnh một chút.)

接続　(1) と同じ

<例>　①パソコンの普及によって、生活が便利になった。
　　　②話し合いにより、解決した。
　　　③山火事による死者はとうとう100人になった。

(4) ～によって・～により・～による

意味　～に

受身文の動作をする人・ものを表す。
By ～. Expresses passive form of something done by a person or thing.
由……。表示被动句中动作的人物、事物。
～에 의하여. 수동문에서 동작의 주체 (사람・물건) 를 나타낸다.
Nhờ vào, do, bởi... Chỉ chủ thể hành động trong câu bị động.

接続　(1) と同じ

<例>　①アメリカ大陸はコロンブスによって発見された。
　　　②この交流会はボランティアグループにより運営されている。

解決する …… solve/ 解决 / 해결하다 /giải quyết
死者 …… the dead/ 死者 / 사망자 /người chết
運営する …… run/ 运作 / 운영하다 /điều hành

～によると・～によれば

意味　～の話では

伝聞の内容をどこから聞いたかという情報源を示す。後ろには「～そうだ・らしい・ということだ」などが使われることが多い。

According to ～ . Expresses source of hearsay. Often followed by ～そうだ・らしい・ということだ .
根据……。表示消息的来源。后面经常接续「～そうだ・らしい・ということだ」等语句。
～의 말에 의하면 . 전해들은 정보의 출처를 나타낸다 . 뒤에는 「～そうだ・らしい・ということだ」 등이 오는 경우가 많다 .
Theo... Chỉ nguồn thông tin nghe được từ đâu đó. Về sau thường sử dụng những từ như ～そうだ・らしい・ということだ .

接続　　N ＋ によると・によれば

<例> ①天気予報によると、明日は大雨になるらしい。
　　　②彼女の話によれば、吉田さんは来月結婚するそうだ。
　　　③資料によれば、あと50年で世界の石油がなくなるということだ。

石油 …… petroleum/ 石油 / 석유 /dầu mỏ

第5週 1日目

確認テスト

問題1　最も適当なものを選び、右と左を一つずつ結んで文を完成しなさい。

1）実験によって　　　　　　　　　・　　　　　　　・a. 進級できないこともある。

2）試験の成績によって　　　　　　・　　　　　　　・b. クラスが決まる。

3）試験の結果によっては、　　　　・　　　　　　　・c. 車の安全性を確認している。

成績 …… result/ 成绩 / 성적 /kết quả

進級する …… advance to the next year/ 升级 / 진급하다 /lên cấp

問題2　次の文と同じ意味の「次第」を使っている文を二つ選びなさい。

◆ サービス次第で、この店で注文するかどうかを決めます。

a. うまくできるかどうかは、あなたのやる気次第ですよ。

b. お礼を申し上げたくて、お手紙を書いた次第です。

c. 荷物が到着次第、出発できます。

d. 結婚の相手次第で自分の人生がかわってしまうかもしれない。

e. 連絡先が分かり次第、お知らせします。

問題3 （　　）に入る適当な言葉を [　　] から選びなさい。同じ言葉は一度しか使えません。

| 次第で | によって | による | によると |

1) テレビのニュース（　　）、5分ぐらい前に地震があったようだ。
2) 手帳は使い方（　　）役に立ったり役に立たなかったりする。
3) 「ロミオとジュリエット」はシェークスピア（　　）書かれた。
4) 不景気（　　）解雇が増えている。

不景気 …… recession/ 不景气/ 불경기 /tình hình kinh tế suy thoái
解雇 …… dismissal/ 解雇/ 해고 /sa thải

問題4　どちらか適当なものを選びなさい。

1) a. この商品は　　　　　｝値段次第だ。
　　b. 買うかどうかは

2) 同じ材料でも、料理する人によって ｛a. 味がかわる。
　　　　　　　　　　　　　　　　　　　b. お客さんに食べられた。

3) データによれば ｛a. 留学生の数が決まる。
　　　　　　　　　 b. 今年も留学生の数は増えている。

材料 …… ingredient/ 材料 / 재료 /nguyên liệu

145ページで答えを確認！

得点　　／12

・・

（第4週5日目の解答）
問題1　1）b　2）b　3）b　4）a　5）a　6）b
問題2　1）として　2）のもとに　3）ように
問題3　1）a　2）b　3）b

139

第5週 2日目 〜かぎり（は）／〜に限って／〜上（は）／〜にかけては

今日の学習は、限定して何かを示す語

〜かぎり（は）・〜かぎりでは・〜ないかぎり

意味　〜の間は・〜の範囲では

「〜かぎり」は「その状態が続いている間やある範囲内ならば…だ」という限定を表す。「〜ないかぎり」はその状態にならない場合を述べる文で、「〜なければ」の意味になり、後文には否定的表現や困難を表す文が来ることが多い。

As long as 〜・within the range of. 〜かぎり limits something to "As long as that situation continues/within that range." When a sentence has 〜ないかぎり it means "have to 〜," and will often be followed by something unfortunate or some difficulty.

只要……就，只限于……「〜かぎり」表示在「某种持续的状态下，某些可能的范围内」的限度。「〜ないかぎり」说明不是某种状况，是「〜なければ」的意思，后续表现否定和困难的语句。

〜는 동안에는・〜의 범위에서는. 「〜かぎり」는「그 상태가 지속되는 동안이나 어떤 범위내에서는…」이라는 한정의 뜻을 나타낸다.「〜ないかぎり」는 그 상태가 되지 않을 경우를 나타내는 것으로「〜なければ (않으면)」의 뜻. 뒤에는 부정・곤란함을 나타내는 문장이 오는 경우가 많다．

Giới hạn trong..., hạn chế trong... 〜かぎり biểu thị giới hạn là: Nếu trong phạm vi nào đó hay trong khoảng thời gian tiếp tục trạng thái nào đó thì... 〜ないかぎり biểu thị trường hợp không trở thành trạng thái đó nữa, thì sẽ có ý nghĩa là: Nếu không... thì... Vế sau của câu thường mang nghĩa phủ định và chỉ sự khó khăn.

接続

V　辞書形・た形・ている形・ない形
イAい
ナAな
Nの（である）

＋　かぎり

<例>
① 「都会に住んでいるかぎり、きれいな星は見られない」と言われた。
② 体が丈夫なかぎり働きたい。
③ 彼が総理大臣であるかぎり、この国はよくならないと私は思う。
④ 私が聞いたかぎりでは、マリアさんには弟が一人いるはずだ。
⑤ 仕事をやめないかぎり、のんびりした生活はできない。

のんびりした …… carefree/ 悠闲 / 느긋한 /thong dong

～に限って・～に限り・～に限らず

(1) ～に限り・～に限って・～に限らず

意味 ～だけ

その場合だけという限定を表す。否定の意味の「ず」がつく「～に限らず…」は、「～だけではなく…も」の意味になる。

Limited to ～ . Expresses that something is limited to that situation. When the negative form, ず, is added, it means "not just ～ , but also..."
表示只限于某种场合。否定时加「ず」,「～に限らず…」是「不仅仅是……还……」的意思。
~만.「그 경우에만」이라는 한정을 나타낸다. 부정의 뜻을 지닌「ず」를 붙인「～に限らず…」는「~뿐만 아니라…도」의 뜻이 된다.
Giới hạn ở... Chỉ giới hạn chỉ trong trường hợp nào đó. ～に限らず ... có gắn ず mang ý phủ định, biểu thị ý nghĩa: Không chỉ... mà còn...

接続　N ＋ に限り・に限って・に限らず

＜例＞ ①お一人様ひとつに限り、100円で買えます。
②当店では、本日に限って割り引きセールをしています。
③サッカーに限らず、スポーツなら何でも好きです。

(2) ～に限って

意味 ～だけは

「他のことや他の人はそうではないが、この場合だけは…」「～の場合は特に…」という意味。よくない状況や起こってほしくないことについて言う。

Only ～ . Expresses that "other things or people are not so, but this case is..." or " ～ is a special case". Used for unfortunate situations or occurrences.
偏偏……是。「不管是其他的人还是其他的事情，只有在这种场合下……」或「……的场合下更加……」的意思。多用于表示不好和不希望发生的情况。
~만은.「다른 때, 혹은 다른 사람은 그렇지 않으나 이 경우만은…」「~경우는 특히…」라는 뜻으로 좋지 않은 상황이나 어떤 일이 일어나지 않기를 바랄 때 쓰는 표현.
Chỉ riêng ..., riêng...là đặc biệt. Biểu thị ý nghĩa: Việc khác, người khác thì không như thế nhưng riêng trường hợp này là..., hay trường hợp... là đặc biệt. Dùng khi nói về tình trạng xấu và việc không muốn xảy ra.

接続　N ＋ に限って

＜例＞ ①うちの子に限って、泥棒なんてするはずがない。
②急いでいるときに限って、バスが来ない。
③あの人に限って、うそをつくなんてあり得ない。

あり得ない　→　第9週2日目

第5週2日目

〜上(じょう)(は)・〜上(じょう)も

意味　〜の面では

「教育上・健康上・経験上・立場上・職業上・法律上・事実上」など、「〜上」の前は漢語の名詞が使われることが多い。他には「見かけ上・手続き上」など。

From the point of view of 〜. In 教育上・健康上・経験上・立場上・職業上・法律上・事実上, a noun of Chinese origin is often used before 〜上. Also used in 見かけ上・手続き上.

在……方面。用在「教育上・健康上・経験上・立場上・職業上・法律上・事実上」等,「〜上」的前面经常使用汉字名词。还有「见かけ上・手続き上」等。

〜면에서는. 「教育上・健康上・経験上・立場上・職業上・法律上・事実上」등 한자어 명사 뒤에 붙여 쓰는 경우가 많다. 그 외「見かけ上・手続き上」등.

Xét từ phương diện... Trước 〜上 thường sử dụng danh từ chữ Hán như 教育上・健康上・経験上・立場上・職業上・法律上・事実上. Ngoài ra cũng dùng 見かけ上・手続き上.

接続　N ＋ 上(じょう)(は)・上(じょう)も

<例>　①このテレビドラマは教育上よくない。

②あの二人は結婚はしていないが、事実上夫婦のようなものだ。

③高橋さんと佐藤さんは表面上は仲良くしているが、本当は仲が悪い。

➡　〜の上で [第2週1日目] p.48
　　〜上は [第7週4日目] p.213
　　〜うえ・〜うえに [第9週4日目] p.273

142

～にかけては・～にかけても

意味　～については

限定されたある分野について、他より能力があることや優れていることを言うときの表現。後ろの文はプラス評価の内容になる★。

As for ～ . Expresses that a limited class of things has more ability or is better than others. What follows contains something positive.

在……方面。表示在限定的范畴，比其它方面更有能力和更出色。后面接续用于正面的评价。

～에 관해서는 . 한정된 분야에 있어서 남보다 능력이 있거나 우수함을 나타내는 표현 . 뒤 문장에는 우수함을 평가하는 내용이 온다 .

Nếu nói về, vể... Dùng khi muốn nói có khả năng vượt trội hơn về lĩnh vực được giới hạn nào đó. Vế sau có nội dung đánh giá tích cực.

接続　N ＋ にかけては・にかけても

＜例＞
① 踊りの表現力にかけては、彼女の右に出る者はいない。
② 彼は走ることにかけては、いつもクラスで一番だった。
③ 我が社は販売力も高いが、新商品の開発力にかけてもどの会社にも負けない。

★こんな文はだめ！
× 子供の時から、泳ぐことにかけては不得意だった。

我が …… my, our/ 我 , 我们 / 우리 /của tôi, của chúng tôi
販売力 …… sales force/ 销售力 / 판매력 /sức bán
開発力 …… development capability/ 开发能力 / 개발력 /khả năng phát triển

第5週 2日目

確認テスト

問題1　正しいものに○をつけなさい。

1) 彼のしたことは法律 {a. 上は　b. にかけても} 何の問題もない。
2) 手伝ってほしいとき {a. かぎりに　b. に限って} 誰もいない。
3) このスーパーは新鮮さ {a. かぎりでは　b. にかけては} 信頼できる。
4) 彼が {a. 社長　b. 社長である} かぎり、会社が倒産することはないだろう。

信頼する …… trust/ 信赖 / 신뢰하다 /tin tưởng

倒産する …… go bankrupt/ 破产 / 도산하다 /phá sản

問題2　(　　)に入る適当な言葉を□□□から選びなさい。同じ言葉は一度しか使えません。

| かぎりでは　　上　　に限って　　に限らず　　にかけては |

1) 私が見た (　　　　)、誰も通らなかった。
2) 彼は英語 (　　　　)、西ヨーロッパの言語ならほとんど話せる。
3) 経験 (　　　　)、この天気で山を登るのは危険だ。
4) 化粧していないとき (　　　　) 写真を撮られた。
5) パソコンを打つ速さ (　　　　)、誰にも負けません。

言語 …… language/ 语言 / 언어 /ngôn ngữ

化粧する …… put on one's makeup/ 化妆 / 화장하다 /trang điểm

問題3　どちらか適当なものを選びなさい。

1）この問題はみんなできちんと話し合わないかぎり { a. 解決できた。
　　　　　　　　　　　　　　　　　　　　　　　 b. 解決しない。

2）彼は仕事のできるタイプだが、思いやりや優しさにかけても、
　{ a. 問題がある。
　　b. すばらしい人だ。

3）傘を持っていないときに限って { a. 雨が降るから嫌になる。
　　　　　　　　　　　　　　　　 b. 雨が降らなくてよかった。

解決する …… solve/ 解決 / 해결하다 /giải quyết

151ページで答えを確認！

得点 ／12

（第5週1日目の解答）
問題1　1) c　2) b　3) a
問題2　a・d
問題3　1) によると　2) 次第で　3) によって　4) による
問題4　1) b　2) a　3) b

第5週 3日目 〜わりに（は）／〜にしては／〜向きだ／〜向けだ

> 基準になるものがあって、その基準に照らし合わせて評価したり判断したりする表現

〜わりに（は）

意味　〜なのに、それにふさわしくなく

「わりに」の前で述べられることから通常予想されることと違うことや程度に合わないことを表す。

Although 〜 , that is not appropriate. Expresses that the thing before わりに is different from what is normally expected or at a different level.

虽然……但是。表示在「わりに」前面叙述的事情和预想的结果不同及程度不同。

〜지만, 그에 걸맞지 않게.「わりに」의 앞의 내용으로부터 흔히 예상되는 일과 다르거나 정도에 맞지 않는 의외의 일을 나타낸다.

Mặc dù..., so với... So với việc được nêu ra ở phía trước わりに thì kết quả trái với dự tính thông thường và không xứng, không phù hợp.

接続
V・イA　普通形
ナA・N　名詞修飾型 ＋ わりに

<例>
① 妹はたくさん食べるわりに太らない。
② あまり練習しなかったわりにはうまく演奏できた。
③ 社長は年齢のわりに若く見える。

演奏する …… play / 演奏 / 연주하다 / biểu diễn

〜にしては

意味　〜にふさわしくなく

「にしては」の前で述べられることから予想されることとは違うことを表す。「〜にしては」の前は事実も、また事実かどうか確かでないことも言える。

〜 is not appropriate. Expresses that the thing before にしては is different from what is expected. Both things that are true and things that may or may not be true can be used before 〜にしては.

虽然……。表示在「〜にしては」前面叙述的事情，和预想不同。虽然「〜にしては」的前面为事实，还无法确定为事实。

〜에 걸맞지 않게．「にしては」의 앞의 내용으로부터 예상되는 일과 다른 의외의 일임을 나타낸다．「〜にしては」의 앞에는 사실 또는 불확실한 사항도 넣을 수 있다．

Không phù hợp..., không tương xứng... So với việc được nêu ra ở trước にしては thì kết quả trái với dự tính. Trước 〜にしては cũng có thể nêu việc thật hoặc không chuẩn xác là việc thật hay không.

接続　V・イA・ナA・N　普通形　＋　にしては
（ただし、ナAとNには「だ」がつかない。）

<例>　①彼は10年もブラジルにいたにしてはポルトガル語が話せない。

②一日に3回も会うなんて、偶然にしてはおかしい。

③今日は2月にしては暖かい。

偶然 …… coincidence/ 偶然 / 우연 /ngẫu nhiên

～くせに

意味　～のに

人に対する非難、軽蔑、不満を表す。

Although ～. Expresses criticism, scorn, or dissatisfaction towards a person.

却……。表示对人责怪，轻视、不满。

～임에도 불구하고. 타인에 대한 비난・경멸・불만을 나타낸다.

Mặc dù... Chỉ thái độ trách móc, khinh miệt, bất mãn với người khác.

接続　V・イA　普通形
　　　　ナA・N　名詞修飾型　＋　くせに

<例>　①昼ごはんをたくさん食べたくせに、もうお腹がすいてしまった。

②弟は体が大きいくせに力が全然ない。

③あの子は小学生のくせに毎月3万円も小遣いをもらっている。

小遣い …… allowance / 零用钱 / 용돈 / tiền tiêu vặt

～向きだ・～向きに・～向きの

意味 ～に合う・～に適している

何かを使用したり利用したりするのにちょうどいい人や目的を言う。
Good for ～・suitable for ～. Expresses that there is some very suitable person or goal for using or doing something.
适合……。说明为了用于某方面或进行利用,正适合的人选和目的。
～에 맞다・～에 적합하다. 무언가를 사용하거나 이용하는 데 적당한 사람이나 목적을 말한다.
Thích hợp với... Biểu thị người và mục đích nào đó phù hợp để sử dụng gì đó.

接続　N ＋ 向きだ・向きに・向きのN

＜例＞ ①この雑誌は仕事に関する話題が多く、ビジネスマン向きだ。

　　　②ホームステイを受け入れることにしたので、部屋を若い人向きに変えた。

　　　③彼は映画より舞台向きの俳優だと思う。

受け入れる …… take in/ 接受 / 받아들이다 /tiếp nhận
舞台 …… stage/ 舞台 / 무대 / sân khấu
俳優 …… actor/ 演员 / 배우 /diễn viên

第5週3日目

～向けだ・～向けに・～向けの

意味 　～のための・～に適するように作られた

何かや誰かに適するように意図して作ったものを示す。
For ～・made to be suitable for ～. Expresses that something was made and designed to be suitable for a person or thing.
面向……; 适合于……。表示为适应某事和某人而特意制作。
～를 위한・～에 적합하게 만들어진. 목적이나 대상에 적합하도록, 의도적으로 만든 것을 가리킨다.
Được tạo ra dành riêng cho..., để cho... Biểu thị cái gì đó được tạo ra sao cho phù hợp với cái gì đó hoặc ai đó.

接続 　N ＋ 向けだ・向けに・向けのN

<例> ①ここに書いてある金融商品は全部、個人向けです。
　　　②これは絵本ですが、大人向けに書かれたものです。
　　　③このメールマガジンは教育関係の仕事をしている人向けのものだ。

金融商品 …… financial product/ 金融商品 / 금융 상품 /sản phẩm tài chính

個人向け …… personal/ 个人 / 개인용 /dành cho cá nhân

「このテキストの半分は勉強したよ！」

第5週 3日目 確認テスト

問題1　正しいものに○をつけなさい。

1) 小学生 {a. くせに　b. にしては} 漢字をよく知っている。
2) お年寄り {a. 向けの　b. わりの} マンションが増えている。
3) 何も知らない {a. くせに　b. わりに}、知っているようなことを言うな。
4) このケーキは、初めて {a. 作って　b. 作った} にしては、おいしくできた。

> お年寄り …… elderly people/ 老年人 / 노인 /người cao tuổi

問題2　(　　) に入る適当な言葉を □ から選びなさい。同じ言葉は一度しか使えません。

| くせに　　にしては　　向き　　向け |

1) 私達は子供 (　　　　) に新しいサイトを開設した。
2) 父は飛行機に乗るのが怖い (　　　　)、海外旅行をしてみたいなんて言っている。
3) 彼女はモデル (　　　　) 自分の服に気を使わない。
4) 彼の性格は営業 (　　　　) だろう。

> 開設する …… set up/ 开设 / 개설하다 /thiết lập
> 気を使う …… care about/ 用心 / 신경을 쓰다 /chú ý
> 営業 …… sales/ 营业 / 영업 /kinh doanh

157ページで答えを確認！　　得点 　／8

(第5週2日目の解答)
問題1　1) a　2) b　3) b　4) b
問題2　1) かぎりでは　2) に限らず　3) 上　4) に限って　5) にかけては
問題3　1) b　2) b　3) a

第5週 4日目

〜ほど／〜ほどの／〜くらい／〜ほど…はない

今日は「ほど」と「くらい・ぐらい」を勉強しよう

〜ほど

意味　〜すれば、もっともっと…

一方の程度が変われば、もう一方の程度も比例して変わることを表す。第3週1日目「〜ば〜ほど」の「〜ば」「〜なら」が省略された言い方。

The more 〜 the more... Expresses that if one thing changes, another thing will change relative to it. Abbreviated form of the 〜ば〜ほど from Week 3, Day 1, with 〜ば or 〜なら omitted.

越……越……。表示一方的程度发生变化，另一方的程度也发生变化。第3周的第一天「〜ば〜ほど」里省略「〜ば」「〜なら」的说法。

〜하면, 더욱…. 한쪽의 정도가 변하면 다른 한쪽의 정도도 비례해서 변함을 나타낸다. 제3주 1일째의「〜ば〜ほど」의「〜ば」「〜なら」가 생략된 표현.

Càng... càng... Nếu cái này thay đổi thì cái khác sẽ thay đổi tỉ lệ với cái đó. Trong bài học ngày thứ nhất của tuần thứ ba, 〜ば, 〜なら của 〜ば〜ほど là cách nói bị tỉnh lược.

接続

V　辞書形
イAい
ナAな
N
} + ほど

＜例＞
① 楽器は練習するほど上手になる。
② ワインは古いほど値段が高くなる。
③ 優秀な学生ほど就職がなかなか決まらない。

➡ 〜ば〜ほど ［第3週1日目］ p.77

優秀な …… excellent/ 优秀的 / 우수한 /ưu tú

～ほど・～ほどの・～ほどだ

意味　～と同程度

ある状態がどの程度なのかを「～ほど」の前で言う。
Same level as ～. Expresses the level of thing before the ～ほど.
像……那様。在「～ほど」的前面，説明某种状態的程度。
～와 같은 정도.「～ほど」앞에서 그 상태가 어느 정도인지를 나타낸다.
Đến mức... Trước ～ほど thể hiện là trạng thái nào đó đến mức độ như thế nào.

接続

V　普通形
イAい
ナAな
N

+ ほど・ほどのN・ほどだ

<例>
① 地震が起こって、窓が割れるかと思うほど家が揺れた。
② この映画の主人公の悲しみは痛いほど分かる。
③ 彼は全国大会へ行くほどの実力を持っている。
④ 家の揺れは、窓が割れるかと思うほどだった。

主人公 …… hero, heroine/ 主人公 / 주인공 /nhân vật chính

大会 …… competition/ 大会 / 대회 /đại hội

実力 …… ability/ 实力 / 실력 /thực lực

～くらい・～ぐらい・くらいだ・ぐらいだ

(1) 意味　～と同程度

ある状態がどの程度なのかを「～くらい・ぐらい」の前で言う。「～ほど・ほどの・ほどだ」と同じ意味。

Same level as ～. Expresses the level of thing before ～くらい・ぐらい. Same meaning as ～ほど・ほどの・ほどだ.
像……。在「～くらい・ぐらい」的前面,说明某种状态的程度。与「～ほど・ほどの・ほどだ」意思相同。
～와 같은 정도.「～くらい・ぐらい」 앞에서 어떤 상태가 어느 정도인지를 나타낸다.「～ほど・ほどの・ほどだ」와 같은 뜻.
Đến mức... Trước ～くらい・ぐらい thể hiện là trạng thái nào đó đến mức độ như thế nào. Giống nghĩa với ～ほど・ほどの・ほどだ.

接続
V 普通形
イAい
ナAな
N
} + くらい・ぐらい

<例>
① 涙が凍るぐらい寒い。
② 疲れて、もう一歩も歩けないくらいだ。
③ あの人ぐらい英語が話せたら、旅行が楽しくなるだろう。

(2) 意味　～のような軽い程度のものは

重要ではない、たいしたことではないと感じていることを表す。軽視の意味になる。「～ほど」にはない使い方。

Deprecate ～ as unimportant. Expresses feeling that something is not important or significant. Has a disdainful meaning. ～ほど does not have same usage.
也……。表示觉得无关紧要、没什么了不起。具有轻视的意思。「～ほど」中没有的用法。
～와 같은 가벼운 정도의 것은. 대수롭지 않게 여기거나 가볍게 봄을 나타낸다.「～ほど」에는 없는 용법.
Biểu thị mức độ nhẹ. Chỉ cảm giác coi việc đó không quan trọng, không to tát. Có ý xem thường. Đây là cách sử dụng không có trong ～ほど.

接続
V 普通形
N
} + くらい・ぐらい

<例>
① 一度会ったぐらいで、友達とは言えない。
② ひらがなぐらい分かります。

～ほど…はない・～くらい…はない

意味　～が一番…だ

「一番・最も…だ」と思ったことを強調して言う。「…はない」の前は名詞。人の場合は「～ほど／くらい…はいない」になる。

~ is the most... Emphasizes something one thinks is "the best/most..." Use a noun before …はない. Use ～ほど／くらい…はいない for people.

没有比……更。用来强调「第一・最……」的看法。「…はない」前面是名词。说明人物的时候使用「～ほど/くらい…はいない」。

~ 이 가장 …이다. 무언가를 최고・제일로 여김을 강조하는 표현으로, 「…はない」의 앞에는 명사가 온다. 명사가 사람인 경우에는 「～ 호ど/くらい…はいない」의 꼴로 쓰인다.

... là nhất. Cách nói nhấn mạnh việc cho rằng cái gì đó là nhất. Trước ～はない là danh từ. Trường hợp nói về người thì sẽ thành ～ほど/くらい … はいない.

接続　V 辞書形 ／ N ｝＋ ほど ＋ N ＋ はない

＜例＞
① 休みの日にDVDを見るほど楽しい時間はない。
② 仕事のあとに飲むビールほどおいしいものはない。
③ 彼女くらい歌がうまい人はいない。

第5週 4日目 確認テスト

問題1　正しいものに○をつけなさい。

1）若い人 { a. ぐらい　b. ほど } 病院へ行きたがらない。
2）忙しくても、メールを打つ { a. ぐらい　b. ほど } できたはずだ。
3）スーツケースに入らない { a. ほどで　b. ほどの } お土産を買ってきた。
4）ここでたばこを吸ってはいけないと、{ a. うるさい　b. うるさくて } くらい何度も注意した。

問題2　（　）に入る適当な言葉を □ から選びなさい。同じ言葉は一度しか使えません。

| 浴びる | 忙しい | 気の毒な | 生活費 | 山 |

1）やらなければならない仕事が＿＿＿＿＿＿ほどある。
2）＿＿＿＿＿＿ほど酒を飲んだ。
3）＿＿＿＿＿＿ほど仕事の時間が終わるのが早く感じる。
4）彼は＿＿＿＿＿＿くらい緊張していた。
5）自分の＿＿＿＿＿＿ぐらい自分で稼ぎたい。

生活費 …… living expense/ 生活费 / 생활비 /phí sinh hoạt
緊張する …… get nervous/ 紧张 / 긴장하다 /căng thẳng
稼ぐ …… earn/ 赚钱 / 벌다 /kiếm (tiền)

問題3　どちらか適当なものを選びなさい。

1）天井に頭がぶつかるぐらい ｛a. 背が高い。
　　　　　　　　　　　　　　　b. けがをした。

2）映画が分かるくらい ｛a. 英語が使えない。
　　　　　　　　　　　　b. 英語が使えるようになりたい。

3）彼女ほどきれいな人に ｛a. 驚いた。
　　　　　　　　　　　　　b. 会ったことはない。

天井 …… ceiling/ 天花板 / 천장 /trần nhà

163ページで答えを確認！

得点　／12

（第5週3日目の解答）
問題1　1）b　2）a　3）a　4）b
問題2　1）向け　2）くせに　3）にしては　4）向き

第5週 5日目 ～こそ／～さえ／～さえ…ば／～ないことには

強調表現と必要条件の表現

～こそ・～からこそ

意味 「～こそ」は強調、「～からこそ」は理由を強調する表現。

～こそ is used for emphasis. ～からこそ emphasizes a reason.
「～こそ」是强调，「～からこそ」是强调理由。
「～こそ」는 강조, 「～からこそ」는 이유를 강조하는 표현.
～こそ là nhấn mạnh, còn ～からこそ là nhấn mạnh lí do.

接続　N ＋ こそ

　　　　V・イA・ナA・N 普通形 ＋ からこそ

<例>
① 「いつもお世話になっております。」
　　「いいえ、こちらこそお世話になっております。」
② 今度こそ合格するつもりだ。
③ 困ったときこそ助け合うのが本当の友達だ。
④ 将来のことを考えるからこそ、今、留学したい。
⑤ 自分の子供がかわいいからこそ叱るんだ。
⑥ 暑い国だからこそ、辛いものが食べたくなる。

〜さえ・〜でさえ

意味　〜も・〜でも

極端な例を出して、「だから他ももちろんそうだ」と言いたいときに使う表現。
Also 〜・even 〜 . Expresses an extreme example when one wants to say, "So, of course, other things are also true."
甚至……连。举出极端的事例，用于说明「……因此其他的事当然也就……」。
〜도・〜라도. 극단적인 예를 들어「그러므로 다른 것들도 물론 그렇다」는 뜻을 나타낸다.
Ngay cả, thậm chí... Đưa ra ví dụ cực đoan để diễn tả: Vì thế nên cái khác cũng là đương nhiên.

接続　N ＋ さえ・でさえ

＜例＞　①昨日は酔っ払って、自分の名前さえ言えなかった。
　　　　②母が病気になった時は水を飲むことさえできなかった。
　　　　③そんなことは子供でさえ知っている。

酔っ払う……get drunk/ 喝醉 / 취하다 /say xỉn

第5週5日目

～さえ…ば

意味 ～だけすれば（あれば）

「後文のことが成立するためにそれだけ必要だ、他は必要ない」ことを示す。つまり、「AさえBばC」で、「AだけBならば、Cが成立する」、「AだけBなのは、Cのための必要な条件」。

Expresses that "for the thing following to happen, only that is necessary, nothing else." In short, "If A does B, then C," so "If A just does B, then C will happen" and "The necessary condition for C is for A to just do B."

只要……就。表示「要得出后文的结果就必须这样，不关其他的方面」。也就是「A 有了 B 就 C」、「A 只要有 B 就能得出 C」、「A 与 B 是为了 C 的必要的条件」。

~ 하기만 하면 (있으면).「뒤 문장을 성립시키기 위해 그것만이 필요하다, 다른 것은 필요없다」는 뜻을 나타낸다. 즉「A 사에 B 바 C」의 꼴로「A 만 B 면 C 가 성립된다」「A 만이 B 인 것은 C 를 위해 필요한 조건」임을 나타낸다.

Chỉ cần... Biểu thị là chỉ cần có vậy (không cần bất cứ gì khác) thì việc nêu ra ở vế sau của câu sẽ đạt được. Nói một cách khác là: Chỉ cần A là B thì C, hay chỉ cần A thành B thì đạt được C, hay chỉ cần A là B thôi cũng đủ thành điều kiện cần thiết cho C.

接続

V ます形 ＋ さえすれば

イAく ⎫
ナAで ⎬ ＋ さえあれば・さえなければ
N（＋で）⎭

N ＋ さえ ＋ ⎧ V ば形
　　　　　　　⎨ イAければ
　　　　　　　⎩ ナAなら・Nなら

<例> ①この書類を片付けさえすれば、帰れる。
②体が丈夫でさえあれば、ヨットレースに出たい。
③植物は太陽と水さえあれば生きていける。
④雨さえ降らなければ、明日はピクニックに行く。
⑤交通さえ便利なら、この家で生活するのだが。

植物 …… plant/ 植物 / 식물 /thực vật
太陽 …… sun/ 太阳 / 태양 /mặt trời

～ないことには

意味　～なければ

「AないことにはBない」で、「Aしなければ、Bできない」、「AはBのための必要条件」の意味になる。後文は否定の意味の文が来る。

Have to ～ . Expresses that "Without doing A, B is impossible" and "A is a necessary condition for B." What follows will contain negation.

如果……不。「没有A就没有B」成为「不做A的话就没有B」、「A是为了B的必须条件」的意思。后面接续否定语句。

~ 하지 않으면。「A 하지 않고서는 B 하지 않다」의 꼴로「A 하기 전에는 B 할 수 없다」、「A 는 B 를 위해 필요한 조건」이라는 뜻을 나타낸다. 뒤에는 부정을 나타내는 문장이 온다.

Nếu không... Biểu thị ý nghĩa: Nếu không có A thì không B, hay nếu không làm A thì không thể làm B, hay A là điều kiện cần cho B. Vế sau có nghĩa phủ định.

接続
$$\left.\begin{array}{l} V\ ない形 \\ イAく \\ ナAで・Nで \end{array}\right\} + ないことには$$

<例>　①食事をしないことには体力がつかない。
　　　②最近の音楽プレーヤーは、小さくて軽くないことには売れない。
　　　③自分が幸せでないことには、人を幸せにすることはできない。

第5週 5日目 確認テスト

問題1　正しいものに○をつけなさい。

1) うちの娘はひらがな {a. こそ　b. さえ} 書けないから、漢字はまだまだ無理です。
2) 一人じゃなくて、みんなでやる {a. からこそ　b. こそ}、楽しいのだ。
3) 明日 {a. こそ　b. さえ} ダイエットを始めよう。
4) これを {a. 読み　b. 読む} さえすれば、出掛けられる。
5) 背が {a. 高い　b. 高く} ないことには、モデルになるのは無理だ。

問題2　（　）に入る適当な言葉を□から選びなさい。同じ言葉は一度しか使えません。

からこそ	こそ	でさえ	ことには

1) 直接言うのは恥ずかしいことでも、携帯電話のメールだ（　　　　　）伝えられる。
2) 私（　　　　　）できたんですから、プロの選手だったらすぐにできますよ。
3) やってみない（　　　　　）どうなるか分からない。
4) 今年（　　　　　）長い休みをとって海外旅行をしたい。

直接 …… directly/ 直接 / 직접 /trực tiếp

問題3　どちらか適当なものを選びなさい。

1）社長が来ないことには ｛ a. 会議は始められない。
　　　　　　　　　　　　　b. すぐに会議を始める。

2）パソコンさえあれば ｛ a. 不便で困っている。
　　　　　　　　　　　　b. どこでも仕事ができる。

3）「はじめまして。どうぞよろしくお願いします。」
　「こちらこそ ｛ a. はじめてでした。
　　　　　　　　b. よろしくお願いします。　」

（第5週4日目の解答）
問題1　1）b　2）a　3）b　4）a
問題2　1）山　2）浴びる　3）忙しい　4）気の毒な　5）生活費
問題3　1）a　2）b　3）b

第6週 1日目 〜にきまっている／〜しかない／〜ほか(は)ない／〜にほかならない

今週は主に文末に来る表現を学ぼう。今日は「他はない」の意味の表現

〜にきまっている

意味　必ず・きっと〜だ

話し手が「絶対に〜だ、他には考えられない」と断言したいことを表す言い方。話し言葉的で、強い言い方。

Definitely・〜 is certain. Expresses that speaker wants to affirm "It's definitely 〜 and anything else is out of the question." Used only in speaking, and sounds strong.

一定……。表示说话人用来断定「肯定是……、其他的不可能」。用于口语，强调语气。

꼭・틀림없이 ～다. 말하는 사람이「절대로～하다, 그외 달리는 생각할 수 없다」고 단언할 때 쓰는 강한 표현. 구어적 표현.

Nhất định, đương nhiên là... Đây là cách dùng khi người nói muốn khẳng định ý là: Tuyệt đối là..., không thể suy nghĩ khác đi. Đây là văn nói, thể hiện cách nói nhấn mạnh.

接続　Ｖ・イＡ・ナＡ・Ｎ　普通形　＋　にきまっている
（ただし、ナＡとＮは「だ」がつかない。）

<例>　①こんな大きい舞台でスピーチをしたら、緊張するにきまっている。

　　　②あんな高い所から落ちたんだから、骨が折れたにきまってるよ。

　　　③今日中にこの仕事を終わらせるなんて、無理にきまっています。

舞台 …… stage/ 舞台 / 무대 /sân khấu

緊張する …… get nervous/ 紧张 / 긴장하다 /căng thẳng

骨 …… bone/ 骨头 / 뼈 /xương

～しかない

意味　～するだけだ・～なければならない

「他に方法がないから、仕方なく～しなければならない」という意味を表す。
The only thing to do is ～・have to ～. Expresses that "There is no other way, so that's life; we have no choice but to do it."
只好……; 只能……。「没有其他的方法 , 没办法 …… 不做不行」的意思。
~ 수 밖에 없다・~ 해야만 한다.「달리 방도가 없으니 어쩔 수 없이 ~ 해야 한다」는 뜻을 나타낸다.
Chỉ còn cách..., phải... Biểu thị ý nghĩa: Do không còn cách nào khác nên buộc phải làm...

接続　V 辞書形 ／ N ＋ しかない

<例>　①試合で負けたんだから、あきらめるしかないよ。
　　　②電車がとまっていたので、歩くしかなかった。
　　　③就職できなかったら、帰国しかない。

就職する……get a job/ 就业 / 취직하다 /tìm việc làm

～ほか（は）ない・～よりほか（は）ない・～ほかしかたがない

意味　～以外に方法がない

「～しかない」と同じで「他に方法がないのでそれをしなければならない」という意味だが、「～しかない」より少し硬い言い方。

There's no way, other than to ～ . Like ～しかない , it means "There's no other way, so it has to be done," but is slightly more formal.

只好……。同「～しかない」一样，有「除此以外没有其他的办法，不做不行」的意思，比「～しかない」的说法更生硬。

～외에 방법이 없다．「～しかない」와 같은 뜻으로「달리 방법이 없어 그렇게 해야만 한다」는 뜻．「～しかない」보다 조금 딱딱한 표현．

Chả còn cách nào khác là... Biểu thị ý nghĩa: Do không còn cách nào khác nên phải làm việc đó, giống với ～しかない . Tuy nhiên đây là cách nói hơi nhấn mạnh một chút so với ～しかない .

接続　V　辞書形　＋　ほかない・よりほかない・ほかしかたがない

<例>　①漢字は一つずつ覚えるほかない。

②面接試験が終わった。あとは連絡を待つよりほかはない。

③電話が通じないので、直接行くほかしかたがない。

面接　……　interview/ 面试 / 면접 /phỏng vấn

〜にほかならない

意味　〜以外のものではない

「まさに〜だ」「〜は確かだ」と断定したいときに使う。書き言葉的。理由の「から」について「〜からにほかならない」で言うこともできる。

Nothing other than 〜. Used when affirming that "It's quite simply 〜" or "It's certainly 〜." More often used in writing. Together with から, which is used to express reasons, it can also be used to mean "There's no other reason than 〜."

无非……。用来断定「难道是……」「……是真的」时使用。书面用语。还可以用「仅因为……理由」，说明「から」的理由。

다름 아닌 〜다.「바로 〜다」「〜는 확실하다」고 단정하는 문어적 표현. 이유를 나타내는 「から」에 붙어 「〜からにほかならない (바로〜기 때문이다)」의 꼴로도 쓰인다.

Chính là...; không gì khác là... Dùng khi muốn kết luận là: Đúng là... quả là... Đây là cách dùng trong văn viết. Cũng có thể dùng 〜からにほかならない thay cho 〜から chỉ lí do.

接続　N ＋ にほかならない

<例> ①彼女に会ったのは運命にほかならない。
　　　②政治とは国民に希望を与えることにほかならない。
　　　③あの映画が人気を集めたのは、脚本が良かったからにほかならない。

運命 …… fate/ 命运 / 운명 /duyên số
希望 …… hope/ 希望 / 희망 /hi vọng
与える …… give/ 给予 / 주다 /đem đến
人気を集める …… gain popularity/ 受到欢迎 / 인기를 모으다 /được đông đảo người yêu thích
脚本 …… script/ 剧本 / 각본 /kịch bản

第6週 1日目

確認テスト

問題1　正しいものに○をつけなさい。

1）16歳で結婚するなんて、親が反対する {a. にきまっている　b. よりほかない}。
2）社内でも社外でも大切なのは、人とのコミュニケーション {a. にほかならない　b. ほかしかたない}。
3）飛行機が嫌いなのだが、海外出張へ行くことになったので、乗る {a. しかない　b. にきまっている}。
4）大学へ進学したいが、生活するためには働く {a. にほかならない　b. ほかない}。
5）彼が言ったことは {a. 冗談　b. 冗談だ} にきまっている。
6）合格できたのは、毎日努力した {a. からにほかならない　b. にほかならない}。

冗談 …… joke/ 玩笑 / 농담 /nói đùa

問題2　（　）に入る適当な言葉を□□□から選びなさい。同じ言葉は一度しか使えません。

| しかない　　にきまっている　　ほかはない |

1）午前3時でバスも電車も動いていないから歩く（　　　　）。
2）彼が嘘はついていないと言っているのだから、信じるより（　　　　）
3）あんなきれいな女性はプライドが高い（　　　　）。

プライドが高い …… proud/ 自尊心強 / 자존심이 강하다 /sự kiêu hãnh

問題3　どちらか適当なものを選びなさい。

1）引き受けてくれるかどうか分からないが、
{ a. あきらめない
  b. 一生懸命頼んでみる } ほかしかたがない。

2）けがをしているんだから、{ a. 練習を休む
　　　　　　　　　　　　　　b. 練習を休まない } しかない。

3）親が子供を叱るのは、{ a. 子供を愛さない
　　　　　　　　　　　　b. 子供を愛しているから } にほかならない。

引き受ける …… accept / 接受 / 맡다 / tiếp nhận

175ページで答えを確認！

得点 ／12

（第5週5日目の解答）
問題1　1）b　2）a　3）a　4）a　5）b
問題2　1）からこそ　2）でさえ　3）ことには　4）こそ
問題3　1）a　2）b　3）b

第6週 2日目

〜に違いない／〜ざるをえない／〜ずに(は)いられない／〜ないではいられない

「ない」を含んだ言い方

〜に違いない・〜に相違ない

意味 きっと〜だ

話し手が確信していることを述べる。「〜に違いない」も「〜に相違ない」も書き言葉的だが、「〜に相違ない」のほうが更に硬い言い方。

Must be 〜. Expresses speaker's certainty. 〜に違いない and 〜に相違ない are both more often used in writing, but 〜に相違ない is more formal.

一定……。表示说话人确切的判断。「〜に違いない」和「〜に相違ない」都是书面用语。「〜に相違ない」的说法更生硬。

틀림없이 〜다．말하는 사람이 확신하고 있음을 나타낸다．「〜に違いない」도「〜に相違ない」도 문어체이지만「〜に相違ない」가 더 딱딱한 표현이다．

Nhất định là..., chính xác là... Biểu thị sự đảm bảo của người nói về việc gì đó. 〜に違いない và 〜に相違ない đều là văn viết nhưng 〜に相違ない là cách nói nhấn mạnh hơn.

接続 V・イA・ナA・N 普通形 ＋ に違いない・に相違ない

（ただし、ナAとNは「だ」がつかない。）

<例> ①兄が描いた絵が優秀賞に選ばれた。母も喜ぶに違いない。

②この写真はドイツを旅行したときに撮ったに違いない。

③このワインは高かったに違いない。

④犯人はあの男に相違ない。

賞 …… prize/ 奖赏 / 상 /giải thưởng

犯人 …… criminal/ 犯人 / 범인 /thủ phạm

170

～ざるをえない

意味　～しなければならない

「他からの圧力など避けられない理由があるから、したくないが、どうしても～する必要がある」という意味を表す。

Have to ～. Expresses that "Because of outside pressure or an unavoidable reason, it is necessary to do something one doesn't want to."

不得不……。表示「迫于其他方面的压力，即使不想做，无论如何都必须做」的意思。

～하지 않을 수 없다.「하고 싶지는 않지만, 압력 등의 피할 수 없는 이유때문에 어쩔 수 없이 ～할 필요가 있다」는 뜻을 나타낸다.

Dù thế nào cũng phải... Biểu thị ý nghĩa: Vì lí do không thể tránh được như áp lực từ bên ngoài mà dù không muốn làm cũng buộc phải làm.

接続　V ない形 ＋ ざるをえない

（ただし、「する」は「せざるをえない」になる。）

<例>　①社長の命令だから、従わざるをえない。

②会社が遠くなったので、毎朝、早起きせざるをえない。

③売れない商品を大量に作ってしまうなんて、調査が不十分だったと言わざるをえない。

命令 …… order/ 命令 / 명령 /mệnh lệnh

従う …… obey/ 服从 / 따르다 /tuân theo

調査 …… research/ 调查 / 조사 /điều tra

… # ～ずに（は）いられない

意味　どうしても～してしまう・どうしても～したくなる

気持ちが抑えられなかったり我慢できなかったりすることを表す。主語が3人称のときは「ようだ、らしい」などをつける。

Can't help doing ～・can't do without ～ . Expresses that one cannot suppress a feeling or resist something. When the subject is in the third person, ようだ、らしい , etc. is used.

不得不……; 非……不可。表现无法控制和忍耐。主语为第三人称时接续「ようだ、らしい」等词语。

참으려 해도 ~하게 된다・참으려 해도 ~하고 싶어진다 . 어떤 기분이나 감정을 억누르지 못하거나 참지 못함을 나타낸다 . 주어가 삼인칭인 경우「ようだ、らしい」등이 뒤따른다 .

Dù thế nào thì cũng đã làm..., dù thế nào cũng muốn làm... Biểu thị việc không thể kiểm soát được tâm trạng, không thể chịu đựng được. Nếu chủ ngữ là ngôi thứ 3 thì cuối câu thường thêm ようだ、らしい .

接続　V　ない形　+　ずに（は）いられない

（ただし、「する」は「せずに（は）いられない」になる。）

<例>　①ストレスが多くて、酒を飲まずにはいられない。

②オリンピックでの我が国の選手の活躍を期待せずにいられない。

③課長は毎朝ジョギングしているので、出張中でも走らずにはいられないらしい。

我が …… my, our/ 我 , 我们 / 우리 /của tôi, của chúng tôi

活躍 …… performance/ 活跃 / 활약 /sự thành công

期待する …… expect/ 期待 / 기대하다 /hi vọng

～ないではいられない

意味 どうしても～してしまう

「～ずに（は）いられない」と同じ意味。
Can't live without ~ (unfortunately). Same meaning as~ ずに（は）いられない.
不得不……。同「～ずに（は）いられない」的意思一样。
참으려 해도~하게 된다.「～ずに（は）いられない」와 같은 뜻이다.
Dù thế nào cũng đã làm... Nghĩa giống với ～ずに（は）いられない.

接続 V ない形 ＋ ないではいられない

<例> ①佐藤さんが結婚するなんて驚いた。誰かに話さないではいられない。
② あの映画を見たら、泣かないではいられなかった。
③ 戦争がなくなるようにと願わないではいられない。

整理！ 「～ざるをえない」はやりたくないこと、
「～ずに（は）いられない・ないではいられない」は
やりたいことや気持ちが抑えられないこと！

第6週 2日目 確認テスト

問題1 正しいものに○をつけなさい。

1) ビザが出なければ、帰国せ {a. ざるをえない　b. ずにはいられない}。
2) 傘がない。電車の中に忘れた {a. ではいられない　b. に違いない}。
3) 大好きなケーキが目の前にあると、食べず {a. に違いない　b. にはいられない}
4) この本を読んだら感動 {a. しずにはいられない　b. せずにはいられない}。
5) 困っている人を見ると、{a. 助けない　b. 助ける} ではいられない。

問題2 ☐の中からもっとも適当なものを使って下線の言葉を書き換えなさい。☐の中の言い方は一度しか使えません。

| ざるをえない　　ずにはいられない　　に違いない |

1) この歌を聞くと、学生のころのことを<u>どうしても思い出してしまう</u>。
2) 出掛けるのは面倒だが、行けば<u>きっと楽しい</u>。
3) 大雨のため、残念だが試合は<u>中止しなければならない</u>。

問題3 「～ざるをえない」を使って、次の文を完成しなさい。

1) 仕事がどんなにつらくても、生活のためには＿＿＿＿＿＿ざるをえない。
2) 今日は大学の入学試験だから、熱があって具合が悪くても＿＿＿＿＿＿ざるをえない。

問題4　どちらか適当なものを選びなさい。

1) 入院のため、{ a. 一日20本吸っていたたばこを / b. 大嫌いだったジョギングを } やめざるをえなかった。

2) { a. 私がこんなことをしたのは、/ b. 彼がこんなことをするのは } 何か理由があるに違いない。

181ページで答えを確認！

得点　／12

（第6週1日目の解答）
問題1　1）a　2）a　3）a　4）b　5）a　6）a
問題2　1）しかない　2）ほかはない　3）にきまっている
問題3　1）b　2）a　3）b

第6週 3日目 〜ないことはない／〜にすぎない／〜べき／〜かのようだ

> 接続する形を混乱しないように

〜ないことはない・〜ないこともない

意味 少しは〜だ・〜の可能性がある

「全然〜ないということではない」、つまり「100%ではないが〜の可能性が少しある」という意味を表す。

〜 is true to a small extent・〜 is possible. Expresses that "〜 does not never happen," i.e. "It is not 100 percent certain, but has a small chance of happening."

不是不……; 可以……。表示「不是完全不……」, 也是「不是100%但是可能性极少」的意思。

조금은 ~ 하다・~ 의 가능성이 있다.「전혀 ~ 지 않은 것은 아니다」, 즉「100% 는 아니지만 조금은 ~ 의 가능성이 있다」는 뜻을 나타낸다.

Cũng có khả năng là..., không phải là không thể... Biểu thị ý nghĩa: Không phải là hoàn toàn không. Nói cách khác là: Không phải là 100% nhưng vẫn có thể...

接続
V ない形
イAく
ナAで・Nで
＋ ないことはない・ないこともない

<例> ①スーツを着ないこともないんですが、仕事のときもたいていジーンズをはいています。
②食べられないことはないが、この果物はあまりおいしくない。
③受賞して嬉しくないことはないが、突然なので驚いている。

受賞する …… be awarded a prize / 获奖 / 수상하다 / nhận giải thưởng

〜にすぎない

意味　ただ〜だけだ

それ以上のものではないことを言う。程度が低いこと、価値が低いと感じていることを表す。

Just/only 〜. Expresses that there is nothing more than that. Used for things felt to have a low level or value.
只不过是……。说明水平不高。表示程度低，没有价值。
단지 ~일 뿐이다. 그 이상의 것이 아님을 나타낸다. 정도나 평가가 낮음을 나타내는 말.
Chỉ... Biểu thị ý nghĩa không nhiều hơn. Chỉ cảm giác mức độ thấp hay giá trị thấp.

接続
V 普通形　} + にすぎない
N

<例>
① お礼はいりません。私は人として当たり前のことをしたにすぎないので。
② 宇宙人は想像上のものにすぎない。
③ あの野球選手が引退するというのは、うわさにすぎない。

宇宙人 …… alien/ 外星人 / 외계인 /người vũ trụ

引退する …… retire/ 引退 / 은퇴하다 /giải nghệ

うわさ …… rumor/ 传闻 / 소문 /tin đồn

第 6 週 3 日目

〜べき・〜べきだ・〜べきではない

意味　〜するのが当然だ

話し手が人として義務と感じることや妥当だと考えることを表し、「〜するのが当然」「〜しなければならない」という意味になる。またある人に向かって「〜したほうがいい」という勧めを表す意味もある。否定形は「〜べきではない」で、「〜べき」の前に動詞の否定形が来ることはない★。

It's natural to do 〜. Expresses that it is proper as a human being or that speaker has an obligation, meaning "it's natural one should 〜" or "one has to 〜." Can also express a recommendation that a person "should 〜." In the negative form, 〜べきではない, there will not be a negative form of a verb.

应该……。表示作为说话人的义务和感受以及妥当之想法。「做……是理所当然的」「……不做不行」的意思。还表示对某人进行「作了……比较好」的劝告。其否定形式「〜べきではない」，「〜べき」的前面不能接续否定动词。

~ 하는 것이 당연하다. 사람으로서 당연히 해야 할 의무, 또는 그렇게 하는 것이 타당하다는 생각을 나타내는 표현으로「~ 하는 것이 당연하다」「~ 해야 한다」는 뜻. 다른 사람에게「~ 하는 쪽이 좋다」는 권유를 나타내기도 한다. 부정형은「~ 베키데와나이」,「~ 베키」의 앞에 동사의 부정형은 올 수 없다.

Làm việc đó là đương nhiên, nên làm... Biểu thị người nói thấy đó là nghĩa vụ của con người và là điều đương nhiên phải làm, có ý nghĩa là: 〜するのが当然, 〜しなければならない. Ngoài ra còn có ý nghĩa gợi ý người nào đó là: Nên làm thế thì tốt hơn. Thể phủ định là: 〜べきではない, động từ trước 〜べき không dùng thể phủ định.

接続　V　辞書形　＋　べき・べきだ・べきではない
（ただし、「する」は「するべき」「すべき」の両方 OK。）

<例>　①相手の意見をきちんと聞くべきだ。
　　　②才能があるんだから、もっと自信を持つべきだよ。
　　　③国籍でどんな人かを判断すべきではない。
　　　④学生時代にもっと勉強しておくべきだった。

★こんな文はだめ！
　　　×国籍でどんな人かを判断しないべきだ。

才能 …… talent/ 才能 / 재능 /tài năng
自信 …… self-confidence/ 自信 / 자신 /tự tin
判断する …… judge/ 判断 / 판단하다 /phán đoán

～かのようだ・～かのような・～かのように

意味 本当はそうではないが～みたいだ

物や言動を似ているものに例えて言う。
It's not really that, but it seems like ～. Used to liken a thing or action to something similar.
像……似的。用来比喻事物和言行的相似。
사실은 그렇지 않으나 마치 ~것 같다. 물건이나 말・행동 등을 비슷한 것에 빗대어 표현.
Thực tế có vẻ như không phải thế nhưng có vẻ như là... Dùng để ví vật hay lời nói, hành động giống với cái gì đó.

接続 V・イA・ナA・N 普通形 ＋ かのようだ・かのようなN・かのように
（ただし、ナAとNの「だ」は「である」になる。）

<例> ①この人形はよくできていて、今にも動きだすかのようだ。
②彼女は犯人を知っているかのような態度だった。
③天使が降りてきたかのように、白い雪が降ってきた。
④彼は、先週は暇だったはずなのに、とても忙しかったかのように話していた。
⑤先週会った友人は病気であるかのように痩せていた。

犯人 …… criminal/ 犯人 / 범인 /thủ phạm

態度 …… attitude/ 态度 / 태도 /thái độ

天使 …… angel/ 天使 / 천사 /thiên thần

第6週 3日目

確認テスト

問題1　正しいものに○をつけなさい。

1）ここに書いてあることは、一つの例 {a. ないことはない　b. にすぎない}。
2）とても忙しくて、大統領にでもなった {a. かのようだ　b. べきではない}。
3）経済を勉強しているなら、この本を読む {a. にすぎない　b. べきだ}。
4）買えない {a. かのようだ　b. こともない} が、家にパソコンが必要だと思わない。
5）小さい事故でも警察を {a. 呼ぶべきだった　b. 呼んだべきだ}。

問題2　（　）に入る適当な言葉を□□□から選びなさい。同じ言葉は一度しか使えません。

| かのようだ　ことはない　にすぎない　べきだ |

1）これは私個人の意見（　　　　）。
2）小学生が学校で携帯電話を使うのは禁止する（　　　　）。
3）今日は暖かくて、春が来た（　　　　）。
4）いつもはビールを飲むが、ワインも飲まない（　　　　）。

個人の …… personal／个人的／개인적인／cá nhân

問題3 どちらか適当なものを選びなさい。

1）a. 今、その地域は危険だから、　　　　　　　　　｝行くべきではない。
　　b. すぐ、その地域の調査をしなければならないから、

2）このスーパーの商品も新鮮でないことはないが、
　　｛a. いつもここで買いたいと思う。
　　　b. あちらの店のほうがもっといい。

3）私は一人の社員にすぎないので、
　　｛a. 他にもたくさん社員がいますよ。
　　　b. そんなことを聞かれても分かりませんよ。

187ページで答えを確認！

得点 ／12

（第6週2日目の解答）
問題1　1）a　2）b　3）b　4）b　5）a
問題2　1）思い出さずにはいられない　2）楽しいに違いない　3）中止せざるをえない
問題3　1）例：働か　　2）例：行か
問題4　1）a　2）b

第6週 4日目　～まい／～っけ／～とか

「～まい」にはいくつかの意味があるよ

～まい・～まいか

（1）まい

意味　　～しないつもりだ

「絶対に～するのをやめよう」という話し手の強い否定の意志を表す。主語が3人称の場合は「～まいと思っているようだ・～まいと決心する」などの形になる。書き言葉的な表現。

Planning to not ～ anymore. Expresses the speaker's strong negative intention to "definitely stop doing ～ ." When the subject is in the third person, takes the form ～まいと思っているようだ or ～まいと決心する . Usually used in writing.

再不……。表现「绝对再也不……」说话人强烈的否定意识。主语是第三人称时，变成「～まいと思っているようだ・～まいと決心する」等形式。用于书面用语。

～ 하지 않을 작정이다.「절대로 ～ 하지 않겠다」는 말하는 사람의 강한 부정적인 의지를 나타낸다. 주어가 삼인칭인 경우,「～まいと思っているようだ・～まいと決心する (～ 지 않으리라 생각한 모양이다・～ 지 않겠다고 결심하다)」 등의 꼴로 쓰인다. 문어적 표현.

Dự định sẽ không làm... nữa. Biểu thị ý phủ định mạnh của người nói là: Tuyệt đối sẽ không làm việc gì đó nữa. Nếu chủ ngữ là ngôi thứ 3 thì thường có dạng ～まいと思っているようだ, ～まいと決心する . Đây là dạng văn viết.

接続　　V　辞書形　＋　まい
（ただし、GⅡの動詞は、ない形にも接続。「する」は「すまい・するまい・しまい」、「来る」は「くるまい」「こまい」になる。）

＜例＞　①二日酔いになると、もう酒を飲むまいと思う。
　　　　②あの店の店員はひどい。もう二度と行くまい。
　　　　③親に心配させまいと思って、入院したことは知らせなかった。

（2）まい・まいか

意味　　～ないだろう

「～まい」で話し手の否定の推量を表す。「～まいか・～のではあるまいか」は「～ではないだろうか」「もしかしたら～だ・かもしれない」の意味になる。書き言葉。

Not likely to ～ . Expresses the speaker's negative conjecture. ～まいか and ～のではあるまいか mean the same as ～ではないだろうか and もしかしたら～だ・かもしれない . Written expressions.

不能……。用「～まい」表示说话人否定的推测。「～まいか・～のではあるまいか」有「不是……吧」「可能是……」的意思。用于书面用语。

～ 않을 것이다.「～まい」는 말하는 사람의 부정적인 추측을 나타낸다.「～まいか・～のではあるまいか」는「～ 하지 않을까」「어쩌면 ～ 이다・일 지도 모른다」의 뜻을 나타낸다. 문어적 표현.

Có lẽ không phải... Biểu thị ý suy đoán phủ định của người nói. ～まいか・～のではあるまいか có ý nghĩa là ～ではないだろうか, もしかしたら～だ・かもしれない . Đây là dạng văn viết.

接続 **(1) と同じ**

<例> ① しばらく景気は良くなるまい。
② この小説家の新しい本が出るのを待っていたのは、私だけではあるまい。
③ 1か月も頭痛が続いていたので、何か重い病気なのではあるまいかと思った。

(3) ～う（よう）か～まいか

意味 **～しようか～するのをやめようか**

するかしないか迷ったり考えていることを言う。「～う（よう）」の前と「～まいか」の前は同じ動詞を使うことが多い。

Should one ～ , or should one not ～ ? Expresses that one is worried about whether to do something or not. Usually, the same verb is used before ～う（よう）and ～まいか.

是不是……。表示做与不做的犹豫状态。「～う（よう）」和「～まいか」前面,经常使用相同的动词。

~ 할까 말까. 할지 말지 망설이고 있음을 나타내는 말.「～う（よう）」와「～まいか」앞에는 같은 동사를 쓰는 경우가 많다.

Làm... hay bỏ... Biểu thị sự băn khoăn không biết nên làm hay không nên làm. Động từ trước ～う（よう）và ～まいか thường sử dụng động từ giống nhau.

接続 V 意向形 + か + V 辞書形 + まい

（ただし、「まい」の前の動詞は、GⅡの動詞なら、ない形にも接続。「する」は「すまい・するまい・しまい」、「来る」は「くるまい」「こまい」になる。）

<例> ① 姉は三つ目のケーキを食べようか食べまいか、迷っている。
② 日本に来る前、会社をやめて留学しようかするまいか、長い間、悩んだ。

二日酔い …… hangover/ 宿醉 / 숙취 /choáng váng do say xỉn
景気 …… economy/ 景气 / 경기 /tình hình kinh tế
小説家 …… novelist/ 小说家 / 소설가 /nhà tiểu thuyết

第6週4日目

～っけ

意味　～でしたか・～かな

記憶があいまいなことを確認したいときに使う。話し言葉。

Was it ～ or ～ ? Used when one wants to confirm something because one's memory is unclear. Used in speaking.
是……吧；是……还是。用于想要明确记忆的时候。用于口语。
～였지？・～더라？기억이 분명하지 않은 일을 묻거나 확인함을 나타낸다. 구어적 표현.
Hình như... hay sao ấy. Sử dụng khi muốn xác nhận lại việc nào đó do không nhớ rõ lắm. Đây là dạng văn nói.

接続　V・イA・ナA・N　普通形　+　っけ

※「～ましたっけ」「～でしたっけ」も使う。

<例>
① 「眼鏡、どこに置いたっけ。」「さっきテレビの上に置いたでしょ。」
② 「これ、どうやって電源入れるんだっけ。」「赤いボタン、押して。」
③ 「今日は何曜日だっけ。」「木曜日だよ。」
④ 「息子さんは高校生でしたっけ。」「いいえ、もう大学生なんですよ。」

～とか

意味　たしか～ということだ・～と聞いた

伝聞。不確かなことやはっきり言うのを避けたい内容を伝えたいときに使う。
It's not really that, but it seems like ～ . Hearsay. Used to liken a thing or action to something similar.
……啦；……的。传闻。用于说明无法明确的事情和想要回避的内容。
아마 ~인 모양이다 . ~라고 들었다 . 전문 . 불확실한 이야기 , 혹은 확실하게 이야기하는것을 피할 때 사용한다 .
Nghe nói là... Chỉ thông tin mang tính gián tiếp. Dùng khi muốn truyền đạt nội dung việc gì đó không chính xác hay dùng khi muốn tránh nói rõ, nói thẳng.

接続　Ｖ・イＡ・ナＡ・Ｎ　普通形　＋　とか

<例>
① 妹さんがもうすぐ結婚されるとか。おめでたいことですね。
②「高橋さんはどこですか。」「休憩室でたばこを吸ってくるとか言ってたよ。」
③ 彼女は来週出張するとかで、忙しいらしいですよ。
④ 来週の土曜日は先生の都合が悪いとか。同窓会はその次の週にしませんか。

おめでたい …… auspicious/ 祝贺 / 경사스러운 /hạnh phúc

同窓会 …… class reunion/ 校友会 / 동창회 /họp lớp

第6週 4日目

確認テスト

問題1 次の文と同じ意味の「まい」を使っている文を一つ選びなさい。

◆環境問題はすぐには解決できまい。

a. あんな嫌な奴とはもう話すまい。
b. たばこは体に悪いから、もう吸うまい。
c. 雨が降ってきたので、出掛けようか出掛けまいか考えている。
d. 彼が結婚したといううわさを聞いたが、そんなことはあるまい。

うわさ …… rumor/ 传闻 / 소문 /tin đồn

問題2 ◯◯ の中からもっとも適当なものを使って下線の言葉を書き換えなさい。◯◯ の中の言い方は一度しか使えません。

| っけ　　とか　　まい　　まいか |

1) もう絶対に行くのはやめようと思っていた花屋へ先週仕事で行った。
2) 「息子さんがヨーロッパに留学するそうですね。」
   「ええ、来月から。さびしくなります。」
3) 「あの子、あんなに背が高かったかな。」
   「ええ、最近また背が伸びたんですよ。」
4) 連絡が取れなくなってしまったので、彼は帰国したのではないだろうか。

問題3　どちらか適当なものを選びなさい。

1) 彼は禁煙中なのに { a. たばこを吸うまい。
　　　　　　　　　　 b. たばこを吸おうか吸うまいか悩んでいる。

2) 「お母さんが東京にいらっしゃるとか。」
　　{ a.「ええ、楽しみです。」
　　　b.「さあ、私も覚えていません。」

3) 「ご出身はタイでしたっけ。」
　　{ a.「はい、そうです。」
　　　b.「ああ、そうだったんですか。」

(第6週3日目の解答)
問題1　1) b　2) a　3) b　4) b　5) a
問題2　1) にすぎない　2) べきだ　3) かのようだ　4) ことはない
問題3　1) a　2) b　3) b

第6週 5日目

～気味／～げ／～だらけ／～がちだ

傾向や様子を表す表現

～気味（ぎみ）

意味 少し～の感じがある

様子や傾向が少しあることを表す。よくないことを言うことが多い。

Feeling a little ～. Expresses that one has a condition or tendency to a small extent. Often used for unfortunate things.

有点……。表示有某种势头和倾向。常用于说明不好的事情。

조금 ～한 느낌이 있다. 어떠한 경향과 기미가 조금 느껴짐을 나타낸다. 좋지 않은 일에 대해 쓰이는 경우가 많다.

Hơi có cảm giác là... Biểu thị việc gì đó có một chút xu hướng và trạng thái như thế. Thường sử dụng khi nói về việc không tốt.

接続

V ます形
N } ＋ 気味

<例> ① 最近、大統領の支持率は下がり気味だ。

② 今日は風邪気味なので早く寝たい。

③ 大勢のお客さんの前で、彼は緊張気味だった。

支持率 …… approval rate / 支持率 / 지지율 / tỉ lệ ủng hộ

～げ

意味　～そうな様子(ようす)

そのように見える という様子を示す。人の気持ちを表す語につくことが多い。
Seem to be ～. Expresses that something looks to be a certain way. Often used with words that express human feelings.
……样子。表示看着很像。经常与表示心情的语句相接。
~듯한 모습. ~처럼 보임을 나타내는 말로, 주로 사람의 감정이나 느낌을 나타내는 말에 붙여 쓴다.
Với vẻ... Chỉ trạng thái có thể thấy như thế. Thường thêm vào sau từ thể hiện cảm giác của con người.

接続　イA ／ ナA ＋ げ

※「ある」が「ありげ」となる例もある。

<例>　① パーティーでは、みんな楽(たの)しげに話していた。
　　　② 彼女(かのじょ)は部屋(へや)から出ていくとき、寂(さび)しげだった。
　　　③ その猫(ねこ)は魚をたくさん食べて満足(まんぞく)げな表情(ひょうじょう)をしていた。
　　　④ 田村選手(たむらせんしゅ)は自信(じしん)ありげな顔(かお)で対戦相手(たいせんあいて)を見た。

表情(ひょうじょう) …… facial expression／ 表情／ 표정／ vẻ mặt

自信(じしん) …… self-confidence／ 自信／ 자신／ tự tin

対戦相手(たいせんあいて) …… opponent／ 比赛对手／ 대전 상대／ đối thủ

～っぽい

意味　～の性質がある・よく～する

ある性質を持っていて、その傾向が強いこと（例①②③）やそれが頻繁であること（例④）を示す。

Having qualities of ～. Doing ～ often. Because something has a certain quality, there is a strong tendency to do something (Ex. 1, 2, 3) or something happens frequently (Ex. 4).

具有……; 容易……。表示具有某种性质，并且有很强的倾向性 (例①②③) 和频繁性 (例④)。

~ 의 성질이 있다·잘 ~ 하다. 어떤 성질을 가지고 있으며 그 경향이 강함 (예①②③), 또는 빈번함 (예④) 을 나타낸다.

Có tính chất..., thường..., hay... Biểu thị việc có tính chất nào đó và xu hướng của nó mạnh (ví dụ 1, 2, 3) hoặc biểu thị việc thường xảy ra (ví dụ 4).

接続

V ます形
イA
ナA
N
＋ っぽい

<例>
① このかばんは高かったのに、安っぽく見える。
② あの女の子はいつも大人っぽい服を着ている。
③ あの茶色っぽい建物が私の会社です。
④ 父は年をとって、怒りっぽくなった。

〜だらけ

意味 〜がたくさんある

よくないものや汚いものがたくさんある、またはたくさんついていることを表す。

Having a lot of 〜. Having a lot of bad or dirty things. Also means that there is a lot of something on another thing.
都……。表示有很多不好和肮脏的东西，或者沾满了什么东西。
〜가 많이 있다. 좋지 않은 것이나 더러운 것이 많이 있음, 혹은 많이 붙어 있음을 나타낸다.
Có đầy..., gần đầy... Chỉ việc có nhiều (hoặc dính nhiều) thứ bẩn, thứ không tốt. Hoặc biểu thị có nhiều cái này trong một cái khác.

接続 N ＋ だらけ

<例> ①間違いだらけの答案が返ってきた。
②この眼鏡は傷だらけで使えない。
③子供の靴は泥だらけになっていた。

答案 …… examination paper/ 答案 / 답안 /câu trả lời

泥 …… mud/ 污泥 / 진흙 /bùn

第 6 週 5 日目

～がちだ・～がちの

意味　～することが多い・～なりやすい

頻繁にそうなってしまうことを表す。意図したことではなく、自然にそうなってしまうこと。よくないことを言うことが多い。

Doing ～ often・having a tendency to ～ . Expresses that something happens often. Does not express intention, but rather, things that happen naturally. Often used for unfortunate things.

经常……; 容易……。表示频繁的样子。没有意图，而是自然形成的。经常用于说明不好的事情。

~ 하는 경우가 많다・~ 하기 쉽다 . 본인의 의지와는 상관없이 어떤 상태에 빠지기 쉬움을 나타낸다 . 주로 안 좋은 경우에 사용한다 .

Thường..., dễ trở thành... Biểu thị việc xảy ra thường xuyên. Tuy nhiên đó không phải là việc chủ định mà là tự nhiên trở thành như thế. Thường diễn tả việc không tốt.

接続　V ます形／N ＋ がちだ・がちのN

<例>　①子供の時、体が弱くて学校を休みがちだった。

②車ばかり乗っているので運動不足になりがちです。

③弟は病気がちで、よく薬を飲んでいる。

運動不足 …… lack of exercise/ 运动不足 / 운동 부족 /thiếu vận động

確認テスト

第6週 5日目

問題1　正しいものに○をつけなさい。

1) その男は黒 {a. だらけの　b. っぽい} 服を着ていた。
2) 冬は肌が乾燥し {a. がちだ　b. げだ}。
3) 今週は忙しくて疲れ {a. 気味　b. だらけ} なので、週末はのんびりしよう。
4) この部屋はしばらく掃除していなかったから、ほこり {a. がち　b. だらけ} だ。

肌 …… skin/ 皮肤 / 피부 /da
乾燥する …… become dry/ 干燥 / 건조하다 /khô
のんびりする …… relax/ 悠闲 / 느긋하게 지내다 /thong thả
ほこり …… dust/ 灰尘 / 먼지 /bụi

問題2　適当な言葉を　　　　から選び、必要なら適当な形に変えて下線部に書きなさい。同じ言葉は一度しか使えません。

| 言いたい | 遅れる | ダラダラする | 忘れる |

1) 天気の悪い日が続いたので、工事は＿＿＿＿＿気味だ。
2) 部下が何か＿＿＿＿＿げな顔をしている。
3) 休みの日はいろいろなことをしようと思うのに、家で＿＿＿＿＿がちだ。
4) 私の上司は＿＿＿＿＿っぽいので、スケジュール管理が大変だ。

部下 …… subordinate/ 部下 / 부하 /cấp dưới
上司 …… boss/ 上司 / 상사 /cấp trên
管理 …… management/ 管理 / 관리 /quản lý

199ページで答えを確認！

得点　　／ 8

(第6週4目の解答)
問題1　1) d
問題2　1) 行くまい　2) 留学するとか　3) 高かったっけ　4) あるまいか
問題3　1) b　2) a　3) a

第7週 1日目

～も～ば～も～／～やら～やら／～にしろ

列挙する言い方

～も～ば～も～・～も～なら～も～

意味　～も～し、～も

「Aも～ば（なら）、Bも～」で「Aに加えて、その上Bも」という意味を表す。「AもBも」を強調する言い方。

Not only ～ , but also ～ . Expresses that "On top of A, B is also true." An emphatic way to say both "A and B."

既……又；又……。既有「有 A 并且 B 也……」，也有「A 加之 B 也……」的意思。用于强调「A 也……B 也……」的说法。

~도 ~하고 ~도.「A も～ば（なら）、B も～」의 꼴로「A 뿐아니라 B 도」의 뜻을 나타낸다.「A 도 B 도」를 강조하는 표현법.

Cũng... cũng... Biểu thị ý nghĩa: A cũng... B cũng..., hay ngoài A còn thêm B. Đây là cách nói nhấn mạnh.

接続

$$N + も + \begin{Bmatrix} V\ ば形 \\ イAければ \\ ナAなら \end{Bmatrix} + N + も$$

<例>　①夫は料理もすれば掃除もしてくれるので、私はいつも感謝している。

　　　②水野さんは子供の頃から頭もよければスポーツも得意だった。

　　　③あの人は服装も派手なら化粧も濃い。

服装 …… clothes/ 服装 / 복장 /trang phục

化粧 …… makeup/ 化妆 / 화장 /trang điểm

～やら～やら

意味　～や～など

いくつかの例を取り上げる表現。いろいろあって大変なことや整理されていない状態を示す。

～ among other things such as ～. Used to give several examples. Expresses that there are many difficult things happened or that many things must be sorted out.

又是……又是。举出几个事例来说明。表示有很多重要事情和未能整理的状态。

～와 ～등. 여러가지 예를 열거하는 표현. 여러가지 일이 겹쳐서 곤란하거나 어수선한 상태를 나타낸다.

... và..., vv... Liệt kê, đưa ra một vài ví dụ. Biểu thị việc rất khó khăn vì có rất nhiều..., hay biểu thị trạng thái chưa được chỉnh sửa/ chỉnh lý.

接続

{ V 辞書形 / イAい / N } + やら + { V 辞書形 / イAい / N } + やら

＜例＞
① 同窓会では、みんな酔っ払って歌うやら踊るやら、大騒ぎだった。
② 試合に負けて悔しいやら悲しいやら、自分の実力不足を感じた。
③ 年末は買い物やら大掃除やらで忙しい。

同窓会 …… class reunion/ 校友会 / 동창회 /buổi họp lớp

実力 …… ability/ 实力 / 실력 /thực lực

第7週 1日目

〜にしろ・〜にせよ

(1) 〜にしろ〜にしろ・〜にせよ〜にせよ

意味　〜も〜も・どちらでも

いくつか例をあげて、全部当てはまることを表す。

〜 and 〜, as well・Doesn't matter whether... Expresses that there are several examples, and that all of them are true.
……也好……也好；也罢……也罢……。表示举出几个适当的事例得出的结论。
〜도 〜도・양쪽 모두. 몇 가지 예를 들어 전부 해당됨을 나타낸다.
Cái nào cũng... Đưa 1 vài ví dụ để chỉ ra là đúng với tất cả.

接続　V・イA・ナA・N 普通形 + { にしろ / にせよ } +
　　　　　V・イA・ナA・N 普通形 + { にしろ / にせよ }

（ただし、ナAとNは「だ」がつかない。「である」OK。）

<例>　①出席するにしろ欠席するにしろ、必ず連絡します。
　　　②忙しいにせよ暇にせよ、正月ぐらいは田舎に帰って親に顔を見せなさい。
　　　③CDにしろDVDにしろ、このパソコンで再生できるから問題ない。

再生する …… play/ 播放 / 재생하다 /mở

(2) ～にしろ・～にせよ

意味　～の場合でも

仮定「たとえ～でも」の意味になり、後文では仮定したことが現実になっても関係ないことを表す（例①②）。または既に起こったことや事実を示して、「そうだったのは分かるが、その場合でも」という意味になる（例③）。

Also in the case of ～ . Has the hypothetical meaning of "even if," and what follows expresses something hypothetical unconnected with reality (Ex. 1, 2). Also expresses things which have already happened or facts, as in "I know that, but even so..." (Ex. 3).
即使……也。表示假设「就算是……也……」的意思，说明后面的假设，即使变成事实也没有关系。（例①②）。并且，还表示已经发生的事情或事实，「即使知道可能会……也……」的意思。（例③）。
～인 경우에도 . 가정「설혹 ～라 해도」의 뜻으로, 가정했던 조건이 현실화 되어도 상관없음을 나타낸다（예①②）. 또한 이미 일어난 일이나 기존 사실을 인정하면서도「그렇다 하더라도」의 뜻을 나타낸다（예③）.
Ngay cả là... Có ý nghĩa giả định là たとえ～でも , vế sau thể hiện là dù việc giả định có thành sự thật đi nữa thì cũng chẳng có quan hệ gì (ví dụ 1, 2). Hoặc chỉ việc đã xảy ra và chỉ sự thật: Dù biết là sẽ trở nên như thế, nhưng trong trường hợp đó thì vẫn... (ví dụ 3)

接続　Ｖ・イA・ナA・Ｎ　普通形　＋　にしろ・にせよ
（ただし、ナAとNは「だ」がつかない。「である」OK。）

<例>　①たとえ転勤するにせよ、家族と離れて生活するつもりはない。
　　　②どの会社に就職するにしろ、パソコンは使えたほうがいい。
　　　③病気じゃなかったにせよ、検査しておいて良かったですね。

転勤する …… transfer/ 调动工作 / 전근하다 /chuyển việc
就職する …… get a job/ 就业 / 취직하다 /vào làm việc
検査する …… examine/ 检查 / 검사하다 /kiểm tra

第7週 1日目 **確認テスト**

問題1　正しいものに○をつけなさい。

1) 彼女は性格も {a. いいやら　b. よければ} 頭もいい。
2) たとえ失敗する {a. なら　b. にせよ}、一度は挑戦してみたい。
3) ビールにせよウィスキー {a. にしろ　b. にせよ}、彼は酒を全然飲まない。
4) 私達は事件とは {a. 無関係である　b. 無関係の} にしろ、会社のすぐ前で起きたことだから心配だ。
5) あのスーパーは野菜も {a. 新鮮である　b. 新鮮なら} 店員も親切なので、よく利用している。
6) お金も {a. なくても　b. なければ} 暇もないので、旅行には行けない。

挑戦する …… try/ 挑战 / 도전하다 /thử

事件 …… incident/ 事件 / 사건 /việc xảy ra

問題2　(　)に入る適当な言葉を□から選びなさい。同じ言葉は一度しか使えません。

〜にせよ〜にせよ　　〜も〜ば　　〜やら〜やら

1) このゲームは頭（　　　）使え（　　　）体も使うから疲れる。
2) 昨日食べた料理は酸っぱい（　　　）辛い（　　　）で、私の口には合わなかった。
3) 正社員（　　　）アルバイト（　　　）、この不景気では仕事に就くのは難しい。

口に合う …… suit one's taste/ 合口 / 입에 맞다 /hợp khẩu vị

正社員 …… permanent employee/ 正式职员 / 정규직 /nhân viên chính thức

不景気 …… recession/ 不景气 / 불경기 /tình hình kinh tế suy thoái

問題3 （　　　）に入る最も適当なものを一つ選びなさい。

1）（　　　）何か感想を言ってください。

 a. 面白ければつまらなければ

 b. 面白かったやらつまらなかったやら

 c. 面白かったにせよつまらなかったにせよ

2）誰からもらったにせよ、（　　　）。

 a. 心をこめて送った

 b. プレゼントは大切にするべきだ

 c. 誰にもらったものか分からなくなった

3）合格してびっくりするやら嬉しいやら、（　　　）。

 a. 当然です

 b. まだ信じられない気持ちだ

 c. 一生懸命勉強したから悔いはない

悔い …… regret/ 后悔 / 후회 /nuối tiếc

205ページで答えを確認！

得点　／12

（第6週5日目の解答）
問題1　1）b　2）a　3）a　4）b
問題2　1）遅れ　2）言いた　3）ダラダラし　4）忘れ

第7週 2日目

～をはじめ（として）／～といった／～など

例を挙げて言う表現

～をはじめ（として）・～をはじめとする

意味 ～を最初の例として・～を第一に

代表的な例を挙げて、他にも同じようなものがあることを示す。

～ is the main example. ～ is the most important. Expresses that others are the same, giving representative example.

以……为首；以及……等等。举出具有代表性的事例，表示还有相近的事例。

～를 첫 예로 삼아・～를 첫번째로. 대표적인 예를 들어 그 외에도 비슷한 예가 있음을 나타낸다.

Cách nói đưa ra 1 ví dụ chính, đầu tiên phải kể đến... Đây là cách nói đưa ra ví dụ tiêu biểu và biểu thị là ngoài ra cũng có những cái khác giống như cái đó nữa.

接続 N ＋ をはじめ（として）・をはじめとするN

<例> ①このレストランでは寿司をはじめ、すき焼き、てんぷらなどの日本料理が食べられる。

②京都には金閣寺をはじめとして、有名できれいなお寺がたくさんある。

③この研究は山本教授をはじめとする研究チームによって報告された。

～といった

意味　～などの

例を挙げるのに使う表現。挙げられた例以外にもまだあるという意味を持つ。
Such as ～. Expression for giving examples. Contains the meaning that there are also other examples.
这类的……。用于举例说明。表示在所举事例之外，还有其他的意思。
～등의. 예를 들어 나열하는 경우에 사용. 앞에서 예를 든 것 외에도 더 있음을 나타낸다.
Ví dụ như..., vv... Đây là cách nói dùng để đưa ra ví dụ, có ý nghĩa là ngoài ví dụ đưa ra cũng còn có những cái khác nữa.

接続　N ＋ といったN

<例> ①日本の会社ではトヨタ、日産、ホンダといった自動車会社が世界で有名だ。

②駅前には映画館やショッピングモールといった娯楽施設がある。

③支店を作る場合、どこに作るか、誰が責任者になるかといった問題がある。

娯楽施設 …… amusement facility/ 娱乐设施 / 오락 시설 /khu giải trí

支店 …… branch/ 支店 / 지점 /chi nhánh

責任者 …… person in charge/ 负责人 / 책임자 /người chịu trách nhiệm

〜など・〜なんか・〜なんて

(1) 意味　例として〜

いくつかある中から例として取り上げて言う。「なんか・なんて」は話し言葉。

Like 〜. Giving one thing as an example of many. なんか・なんて are spoken forms.
之类的……。说明在几个之中选出例子。「なんか・なんて」用于口语。
예를 들어〜. 여러 가지 중에서 하나를 예로 들어 말할 경우 사용. 「なんか・なんて」는 구어적 표현.
Ví dụ như... Cách nói đưa ra một ví dụ trong số vài thứ đã có. なんか・なんて là dạng văn nói.

接続
V　普通形　＋　など・なんて
N　＋　など・なんか・なんて

<例>
①野菜を多く食べるなどして、栄養に気をつけている。
②新しいプロジェクトのチームリーダーですが、佐藤さんなど適任だと思います。
③プレゼントには写真立てなんか、どうですか。

他　「〜たりなど（なんか）して」で、ある行動を取り上げて言う。

①休みの日はビデオを見たりなんかしています。

栄養 …… nutrition/ 营养 / 영양 /dinh dưỡng
適任な …… adequate/ 能够胜任 / 적임인 /thích hợp
写真立て …… picture frame/ 相框 / 액자 /khung ảnh

(2) 意味　〜のようなものは

軽いものだと軽視する（例①②）、または意外な気持ち（例③④）を表す。「なんか・なんて」は話し言葉。

Things such as 〜. Spoken expression used to deprecate things as unimportant (Ex. 1, 2) or express an unexpected feeling (Ex. 3, 4). なんか・なんて are spoken forms.

什么的……。认为无关紧要而轻视（例①②），也表示意外的心情（例③④）。「なんか・なんて」用于口语。

～따위는. 별것 아니라고 경시하거나 (예①②), 또는 의외의 감정을 나타낸다 (예③④).「なんか・なんて」는 구어적 표현.

Như là... Dùng để chỉ thái độ coi nhẹ (ví dụ 1, 2) hay thể hiện sự ngạc nhiên (ví dụ 3, 4) なんか・なんて là dạng văn nói.

接続　（1）と同じ

<例> ①彼の話など誰も信じない。

②お金なんかなくても生きていけるよ。

③こんな結果になるなんて思わなかった。

④毎朝5時に起きてジョギングしているなんて、すごいですね。

第7週 2日目 　確認テスト

問題1　正しいものに○をつけなさい。

1）彼はヴァイオリン { a. といった　b. をはじめ }、ピアノやフルートなどいろいろな楽器が演奏できる。

2）プレゼントでしたら、この花 { a. など　b. をはじめとして } いかがですか。

3）日本の家電メーカーにはソニーやパナソニック { a. といった　b. なんか } 会社がある。

4）急に泣きだしたり { a. などと　b. なんか } して、どうしたの。

5）うそ { a. なんて　b. をはじめ } つきません。

演奏する …… play/ 演奏 / 연주하다 /biểu diễn

家電 …… home electronics/ 家用电器 / 가전 /đồ điện gia dụng

問題2　最も適当なものを選び、右と左を一つずつ結んで文を完成しなさい。

1）ヤフーをはじめとして　　・　　　　・a. 検索エンジンによって情報収集が簡単になった。

2）ヤフーやグーグルといった　・　　　　・b. 便利だと思います。

3）ヤフーやグーグルなんかが　・　　　　・c. MSN など検索エンジンはたくさんある。

※ヤフー＝ Yahoo !　　グーグル＝ Google

検索 …… search/ 搜索 / 검색 /tìm kiếm

情報収集 …… information gathering/ 信息收集 / 정보 수집 /việc thu thập thông tin

問題3 どちらか適当なものを選びなさい。

1) お父様をはじめ、{ a. 頑固で困ります。
　　　　　　　　　 b. ご家族の皆様によろしくお伝えください。

2) こんなけがなんか { a. すぐに治るよ。
　　　　　　　　　 b. ちゃんと病院へ行って治療したほうがいいよ。

3) そんなひどいことを言うなんて、{ a. 彼は冷たい人だ。
　　　　　　　　　　　　　　　　 b. 彼はいつもそういう言い方をする。

4) DELLやアップル、NECといった { a. 働きたい。
　　　　　　　　　　　　　　　　 b. パソコンメーカーで働きたい。

頑固な …… stubborn/ 頑固的 / 고집이 센 /bướng bỉnh

治療する …… get medical treatment/ 治疗 / 치료하다 /điều trị

211ページで答えを確認！

得点 / 12

(第7週1日目の解答)
問題1　1) b　2) b　3) b　4) a　5) b　6) b
問題2　1) も・ば　2) やら・やら　3) にせよ・にせよ
問題3　1) c　2) b　3) b

第7週 3日目

～ばかりか／～どころか／～というより／～どころではない

さあ、今日も勉強を続けるぞ！

～ばかりか・～ばかりでなく

意味 ～だけではなく

「Aばかりか（ばかりでなく）B」で「AだけではなくBも」という意味。Bの後には「も・まで・さえ」などがつくことが多い。

Not just ～ . Expresses that "not only is A possible, but B is too." B is often followed by も・まで・さえ , etc.
不仅……而且。「不全是 A(ばかりでなく)B 也……」是「不只是 A,B 也」的意思。B 的后面经常接续「も・まで・さえ」等语句。
～뿐만 아니라 .「A ばかりか (ばかりでなく)B」의 꼴로「A 뿐만 아니라 B 도」의 뜻 . B 에는「も・まで・さえ」등이 뒤따르는 경우가 많다 .
Không những...mà còn... Ý nghĩa là: Không chỉ A mà còn có B, hay không những A mà B cũng. Sau B thường thêm も・まで・さえ .

接続

V・イA　普通形
ナA・N　名詞修飾型
　　　　　　　　　＋ ばかりか・ばかりでなく

（ただし、Nは「の」がつかない。）

<例>
① このロボットは家事ができるばかりか、人と会話もできる。
② 子供の教育は、叱るばかりでなく褒めることも大切だ。
③ 大企業ばかりか中小企業まで海外に工場を作るようになった。

家事 …… housework/ 家务 / 집안일 /việc nhà

大企業 …… big company/ 大公司 / 대기업 /xí nghiệp lớn

中小企業 …… small and medium-sized company/ 中小企业 / 중소기업 /xí nghiệp vừa và nhỏ

～どころか

(1) 意味　～だけではなく

「AどころかB」で「Aはもちろん、それだけではなくBも」という意味になる。Aよりもっと程度の大きいものをBで示す。

Not just ～ . Expresses that "A is, of course, true, but not only that, B is true as well." B will be at a greater level than A.
不仅……而且……。「AどころかB」是「当然有A,不仅如此B也……」的意思。表示B在程度上比A大。
～뿐만 아니라.「AどころかB」의 꼴로「A는 물론이고 게다가 B도」라는 뜻을 나타낸다.B는 A보다 그 정도가 크다.
Không những... mà còn. Ý nghĩa là: Không những A mà còn có B, hay A thì đương nhiên rồi nhưng không chỉ vậy mà còn B nữa. Dùng B biểu thị việc có mức độ cao hơn A.

接続　V・イA・ナA・N 普通形　+　どころか

(ただし、ナAとNは「だ」がつかない。)

<例>
① 「あの人は結婚しているんですか。」
   「結婚しているどころか、子供が6人もいるんだよ。」
② 外は寒いどころか、体が凍ってしまいそうなくらいだ。
③ 水野さんは韓国語どころか、中国語やベトナム語、タイ語も話せる。

(2) 意味　～ではなくて、反対に

「AどころかB」で「Aではなくて、その反対にB」であることを示す。

～ is not true, and the opposite is true. Expresses that "Not only is A not true, but that the opposite, B, is true.
哪里是……反而是。不仅「AどころかB」, 而且「不是A, 相反是B」。
～ 하지 않고, 반대로.「AどころかB」의 꼴로「A가 아니라, 그 반대로 B」라는 뜻을 나타낸다.
Không phải... mà ngược lại... Biểu thị: Không phải là A, mà ngược lại là B.

接続　(1)と同じ

<例>
① スポーツジムへ行っているが、やせるどころか、どんどん体重が増えていく。
② 今年は給料が上がるどころか、解雇される社員がいる。

整理！
「社長とは話したことがないどころか、会ったこともない。」→ (1)の言い方
「社長とは話をするどころか、会ったこともない。」　　　→ (2)の言い方

スポーツジム …… gym/ 健身房 / 헬스클럽 /tập thể dục

給料 …… salary/ 工资 / 급료 /lương

解雇する …… fire/ 解雇 / 해고하다 /sa thải

第 7 週 3 日目

〜というより

意味　〜よりもっと適切な言い方で言うと

「AというよりB」で「AよりBという表現のほうが当たっている」という意味を示す。
To put 〜 more accurately. Expresses that "B is a more accurate way to say something than A."
与其……倒不如。「和 A 相比 B 更加」，还有「B 比 A 更加」的意思。
~ 보다 더 적절하게 말하자면.「AというよりB」의 꼴로「A 라기보다 오히려 B 라고 하는 것이 옳다」는 뜻을 나타낸다.
Nói chính xác hơn, đúng hơn thì là... Có ý nghĩa là: B hơn là A, hay cách biểu hiện B đúng hơn là A.

接続　V・イA・ナA・N　普通形　+　というより

（ただし、ナAとNは「だ」がつかないことが多い。）

<例>　①久しぶりに海外へ行くので、出張に行くというより、遊びに行くような気分だ。

　　　②私は歌手ですが、歌を歌うことは仕事というより趣味なんです。

　　　③昨日の天気は大雨というより嵐だった。

嵐　……storm/ 暴风雨 / 폭풍우 /bão

～どころではない・～どころではなく

意味 　**全然～できない**

理由があって、そういう状態や気分にはなれない場合に使う。

~ cannot be done at all. Expresses that for some reason, some situation or feeling will not happen.

哪能……。表示因为某种理由，还不是做某事的状况和时机。

전혀 ~할 수 없다. 이유가 있어 그러한 상태나 기분이 될 수 없을 경우에 사용한다.

Hoàn toàn không thể... Dùng trong trường hợp có lí do nên không thể thành sự thật trong hoàn cảnh, tâm tư lúc đó.

接続 　V　辞書形　｝＋　どころではない・どころではなく
　　　　　N

<例> ①飛行機の中で風邪をひいてしまって、ビーチで泳ぐどころではなかった。

②正月はゆっくり過ごすどころではなく、仕事の電話やメールの対応に追われた。

③就職先が決まらなくて、卒業式どころではなかった。

過ごす …… spend/ 度过 / 지내다 /trải qua

第7週
3日目

確認テスト

問題1　正しいものに○をつけなさい。

1）彼は性格が優しい {a. どころではなく　b. ばかりでなく}、お金持ちでもある。
2）私の祖母は95歳ですけど、ファックス {a. というより　b. どころか}、携帯電話のメールも使えますよ。
3）忙しくて旅行 {a. どころではない　b. ばかりでない}。
4）まだ4月だが、今日は暑くて、{a. 春　b. 春の} というより夏みたいだ。

問題2　次の文と同じ意味の「どころか」を使っている文を一つ選びなさい。

◆天気予報によると晴れるそうだが、雨はやむ<u>どころか</u>、激しくなってきた。

a. 兄にはそのラーメンは多すぎる<u>どころか</u>、さらに2杯もおかわりをしていました。
b. 彼女は日本語<u>どころか</u>中国語やベトナム語もぺらぺらだ。
c.「彼はパーティーにはあまり行きたくないって言ってたけど、結局参加したんですね。」
　「参加した<u>どころか</u>、歌ったり踊ったりして誰よりも楽しんでいましたよ。」
d. 私は日本酒<u>どころか</u>ビールも飲めません。

さらに …… additionally/ 又 / 더구나 /hơn nữa

おかわり …… refill/ 再来一份 / 더 먹다 /bát nữa

問題3　どちらか適当なものを選びなさい。

1）この部屋は涼しいというより ｛ a. 寒いくらいだ。
　　　　　　　　　　　　　　　　b. 広くてきれいだ。

2）彼は外国で大学院を卒業したばかりか、
　｛ a. まだ働いた経験はない。
　　b. 結婚相手まで見つけて帰ってきた。

3）パスポートを盗まれてしまって海外旅行を楽しむどころではなく、
　｛ a. 警察へ行ったり大使館へ行ったりして大変だった。
　　b. ミュージカルを見たりクラブで踊ったりして遊んだ。

217ページで答えを確認！

得点　／8

・・・

（第7週2日目の解答）
問題1　1）b　2）a　3）a　4）b　5）a
問題2　1）c　2）a　3）b
問題3　1）b　2）a　3）a　4）b

第7週 4日目

〜以上（は）／〜上は／〜からには／〜だけ

理由を表す言い方など

〜以上（は）

意味 〜のだから

後文に責任や覚悟の決意、心構え、願望を表す文が来て、その理由や事情を「〜以上」で示す。

Because 〜. What follows has words expressing a decision to take responsibility, preparation, or desire. 〜以上 gives reason or circumstances for it.

既然……就。后面接续表示责任和做好精神准备的决心、心理准备、愿望的语句，用「〜以上」表示理由和情况。

〜때문에. 뒤 문장에 책임이나 각오, 결의, 소원을 나타내는 문장이 오며, 그렇게 된 이유나 사정을「〜以上 (이상)」에서 나타낸다.

Vì là..., đã là... thì... Vế sau có ý thể hiện trách nhiệm, quyết tâm, sự sẵn sàng, nguyện vọng. Dùng 〜以上 để thể hiện lí do và tình hình.

接続 V　普通形
ナAである・Nである ｝ ＋ 以上（は）

<例> ①家を買う以上は、何十年も長く住める家を買いたい。

②日本に来た以上、日本の社会や習慣について詳しく知りたい。

③親である以上、子供を大切に思うのは当然だ。

～上は
うえ

意味　～のだから

「～以上」と同じ意味だが、より改まった言い方。

Because ～. Expresses the same meaning as 「～以上」. Slightly more formal than ～以上.
既然……就。同「～以上」意思一样，是另一种说法。
~ 때문에.「~ 以上」와 같은 뜻으로, 보다 격식을 차린 표현.
Vì... Nghĩa giống với ～以上 nhưng là cách nói trang trọng hơn.

接続　V　辞書形・た形　＋　上は

<例>　①政治家を目指す上は、国民のために働くという強い信念が必要だ。
　　　②会社を作ると決断した上は、上場できるようにがんばる。
　　　③会議で決定された上は、それに従う。

➡　～の上で［第2週1日目］p.48
　　～上・～上は・～上も［第5週2日目］p.142
　　～うえ・～うえに［第9週4日目］p.273

目指す …… aspire/ 志在 / 지향하다 /nhắm vào

信念 …… belief/ 信念 / 신념 /lòng tin

決断する …… decide/ 决断 / 결단하다 /quyết định

上場する …… go on the board/ 出场 / 상장하다 /lên sàn chứng khoán

従う …… obey/ 服从 / 따르다 /tuân theo

第7週4日目

～からには・～からは

意味　～のだから

「～という理由があるから、当然」という意味を持ち、後文では「～なければならない・べきだ」などの義務や「～たい・つもりだ」などの願望を示すことが多い。

Because ～. Has the meaning of "It's natural, for the reason that ～." What follows often expresses responsibility, as in "have to ～ /should ～ " or hopes such as "want to/planning to."

既然……就。具有「有……上述理由，当然就」的意思，后面经常接续「～なければならない・べきだ」等表示义务和「～たい・つもりだ」的愿望等语句。

～때문에．「～라는 이유가 있기 때문에 당연히」라는 뜻을 나타낸다．「～해야 하다・하지 않으면 안 된다」등의 의무와「～하 (되) 고 싶다・생각이다」등 희망을 나타내는 경우가많다．

Vì là..., đã...tất nhiên là... Có ý nghĩa: Vì lí do... nên đương nhiên là... Vế sau thường thể hiện nghĩa vụ như ～なければならない・べきだ hay nguyện vọng mong muốn như ～たい・つもりだ．

接続

V　辞書形・た形
Nである
　　　　　　　　　＋　からには・からは

<例>
① 日本で働くからには、日本のビジネスマナーを知っておくべきだと言われた。
② スポーツジムに通い始めたからには、筋力をつけたい
③ 社長であるからには、決断力が必要だ。

スポーツジム …… gym/ 健身房/ 헬스클럽 /tập thể dục

筋力 …… muscle strength/ 肌力 / 근력 /sức mạnh cơ thể

決断力 …… determination/ 決断力 / 결단력 /khả năng quyết đoán

～だけ・～だけあって・～だけに・～だけの

(1) ～だけ・だけの

意味　～の範囲は全部

限界まで全部、みんな。
～ is all. All things/everyone described is the limit.
尽可能……。表示力所能及、全部。
～ 범위는 전부. 한계에 이르기까지 전부, 모두.
Toàn bộ phạm vi... Toàn bộ đến giới hạn có thể, tất cả mọi người.

接続　V 辞書形・可能形　+　だけ・だけのN
※動詞の辞書形・可能形以外に、「好きなだけ・欲しいだけ・Ｖたいだけ」も言える。

<例>　①やるだけのことはやったから、あとは合格を祈るしかない。
　　　②持てるだけの荷物は全部持ったから、残りは航空便で送ろう。
　　　③今日は妻の体調が悪いので、できるだけ早く帰ろうと思う。
　　　④お腹がすいたでしょう。食べたいだけ食べていいですよ。

(2) ～だけの

意味　～にふさわしい

後ろに名詞が来て、その名詞に相当する事柄を表す。
～ Appropriate for ～ . What follows will contain noun.Expresses that something is suitable for that thing.
值得……。后面接续名词，表示和名词相对应的事情。
～에 걸맞는. 뒤에 명사가 오며 그 명사에 상응하는 정도를 나타낸다.
Phù hợp với... Vế sau thường là danh từ. Biểu thị sự việc phù hợp với danh từ đó.

接続　V 辞書形・た形　+　だけのN

<例>　①この映画はとても面白い。映画館まで行って見るだけの価値はある。
　　　②ビジネス文書を自分で日本語に翻訳するだけの力はない。

価値がある …… worth while/ 值得 / 가치가 있다 /đáng giá
ビジネス文書…… business document/ 商务文件 / 업무 문서 /tài liệu kinh doanh
翻訳する …… translate/ 翻译 / 번역하다 /dịch

（3）〜だけあって・だけに・だけのことはある

意味　〜にふさわしく

〜に相当する結果や能力があることを言う。努力や才能を褒めたり感心したりするときに使う。

Appropriate for 〜 . Expresses that some result or ability is suitable for 〜 . Used when praising or expressing admiration for effort or attitude.
不愧是……。用于说明"不愧是……"的结果和能力强。对于不断地努力和才能表示钦佩和赞扬时使用。
〜에 걸맞게．〜에 상응하는 결과나 능력이 있음을 나타낸다．노력이나 재능을 칭찬하거나 감탄함을 나타내는 말．
Phù hợp với... Biểu thị việc có kết quả hay năng lực phù hợp với..., tương xứng với... Dùng để khen sự nỗ lực, tài năng hoặc thể hiện sự thán phục, ngưỡng mộ.

接続
V・イA　普通形
なA・N　名詞修飾型
｝＋ だけあって・だけに・だけのことはある

（ただし、Nは「の」がつかない。）

＜例＞　①５年もドイツで働いていただけに、彼女はドイツ語がうまい。
　　　　②高かっただけあって、このカメラはきれいに撮れる。
　　　　③彼が作るケーキはおいしい。有名なだけのことはある。

（4）〜だけに

意味　〜だから、普通以上に

「〜という理由があるから、もっと・余計に」という意味。

Better than normal because of 〜 . Expresses that there is "more/too much, for the reason that 〜 ."
正因为……所以「有……的理由，更加，不用说」的意思。
〜기 때문에 보통 이상으로．「〜라는 이유가 있어 더욱・한층 더」라는 뜻．
Chính vì là... nên càng... Vì có lí do là... nên càng...hơn nữa.

接続　（3）と同じ

＜例＞　①合格すると思っていなかっただけに、合格の知らせが来たときは嬉しかった。
　　　　②苦労して集めた本だけに、売ってしまうのは残念だ。

第7週 4日目 確認テスト

問題1　正しいものに○をつけなさい。

1) 約束した {a. 以上　b. だけ}、守らなければならない。
2) 日本へ行く {a. 上で　b. からには} 歌舞伎を見ようと思っている。
3) 泣きたい {a. からには　b. だけ} 泣いたら、気持ちが落ち着いた。
4) 会議で決定された {a. 上は　b. だけあって}、それに従わなければならない。

> 落ち着く …… calm down/ 平静下来 / 차분해지다 /bình tĩnh
> 従う …… obey/ 服从 / 따르다 /tuân theo

問題2　（　　）に入る適当な言葉を □ から選びなさい。同じ言葉は一度しか使えません。

> だけ　　だけあって　　だけに　　だけの

1) この本、面白いよ。買って読む（　　）価値はあるよ。
2) 彼女は成績優秀な（　　）、有名大学に入学が決まっている。
3) 勝てると思っていなかった（　　）、優勝を知ったときは嬉しかった。
4) 休みの日は好きな（　　）DVDを見て過ごしている。

> 価値がある …… worth while/ 值得 / 가치가 있다 /đáng giá
> 成績優秀な …… high-achieving/ 成绩优秀的 / 성적이 우수한 /thành tích xuất sắc
> 優勝 …… victory/ 优胜 / 우승 /chiến thắng
> 過ごす …… spend/ 度过 / 지내다 /trải qua

223ページで答えを確認！

得点　／8

（第7週3日目の解答）
問題1　1) b　2) b　3) a　4) a
問題2　1) a
問題3　1) a　2) b　3) a

第7週 5日目

～おかげで／～せいだ／～ばかりに／～あまり

原因・理由を表すいろいろな言い方

～おかげで・～おかげだ

意味 ～の助けがあったので

誰かや何かが良い結果を生む原因・理由になっていることを表す。「～おかげ」の前に原因・理由を表すものが来る。皮肉で悪い結果に使うこともある（例⑤）。

Thanks to ～ . Expresses reason or cause of good result brought about by someone or something. Reason or cause comes before ～おかげ. Sometimes used sarcastically for unfortunate results (Ex. 5).

幸亏……。表示因某人或某事，而产生好的结果。在「～おかげ」的前面接续表示原因、理由的内容。有时用于不好的结果，用来表示讽刺。（例⑤）。

～의 도움으로. 누군가 혹은 무엇인가가 좋은 결과를 낳은 원인·이유가 되었음을 표현. 「～おかげ」 앞에 원인·이유를 나타내는 말이 온다. 나쁜 결과에 대해 비꼬아 말하는 경우도 있다 (예 5).

Nhờ có... nên... Biểu thị lí do, nguyên nhân nhờ ai đó hoặc điều gì đó mà có được kết quả tốt. Trước ～おかげ có nội dung chỉ lí do, nguyên nhân. Cũng có khi dùng để châm chọc hay chỉ kết quả xấu (ví dụ 5).

接続
V・イA 普通形
ナA・N 名詞修飾型
｝ + おかげで・おかげだ

<例> ①友達が手伝ってくれたおかげで、引っ越しが早く終わった。

②体が丈夫なおかげで、10年間仕事を休んだことがない。

③先生のご指導のおかげで、高校を卒業できました。ありがとうございます。

④会社がここまで成長できたのは、お客様のおかげです。

⑤パソコンが普及したおかげで、家へ帰っても仕事をするようになってしまった。

指導 …… guidance/ 教导 / 지도 /sự hướng dẫn

成長する …… grow/ 成长 / 성장하다 /tăng trưởng

普及する …… prevail/ 普及 / 보급하다 /phổ cập

～せいだ・～せいで・～せいか

意味　～が原因で

悪い結果を生む原因・理由を表す。「～せいか」はそれが原因かどうかはっきりしていない場合に使う。

Source of trouble is ～. Expresses something that causes unfortunate result. ～せいか is used when not sure if something is cause or not.

由于…。表示产生不好结果的原因、理由。「～せいか」用于原因不确切的情况。

～가 원인으로. 나쁜 결과를 낳은 원인・이유를 나타낸다. 「～せいか」는 그것이 직접적인 원인인지 아닌지 확실하지 않은 경우에 쓰인다.

Tại vì... Biểu thị nguyên nhân, lí do dẫn đến kết quả xấu. ～せいか dùng trong trường hợp chưa rõ nguyên nhân có phải thế hay không.

接続　V・イA　普通形　　　｝＋　せいだ・せいで・せいか
　　　　ナA・N　名詞修飾型

<例>　①バスが遅れたせいで、会社に遅刻してしまった。

　　　②実際の年齢より高く見られてしまうのは、いつも着ている服が地味なせいだ。

　　　③久しぶりに会った母は、年のせいか、疲れているように見える。

実際の　……　actual/ 实际的 / 실제의 /thực tế

～ばかりに

意味 　～だけが原因で

それだけが原因で悪い結果になったということを表現する。後悔や残念な気持ちがある。

～ is the sole cause. Expresses that one thing is the sole cause for an unfortunate result. Includes feeling of regret or that something is unfortunate.

正因为……才……。表示由于某种原因，造成不好的结果。带有后悔和遗憾的心情。

～만이 원인이 되어. 단지 그 이유만으로 일이 그릇되거나 잘못되었음을 설명한다. 후회나 아쉬움이 담겨있는 표현.

Chỉ vì... mà... Biểu thị chính vì điều đó mà đã dẫn đến kết quả xấu. Thể hiện tâm trạng hối hận, tiếc nuối.

接続
V・イA 普通形
ナA・N 名詞修飾型
｝＋ ばかりに

（ただし、Nは「Nの」ではなく「Nな」になる。ナAとNは「である」もOK。）

＜例＞
① 定期券を忘れたばかりに、切符代を3000円も使ってしまった。
② 彼は英語ができるばかりに、1年の半分は海外出張をする生活だ。
③ 彼女は明るくていい人なのだが、言い方がきついばかりに会社では嫌われている。

定期券 …… commuter pass / 月票 / 정기권 / vé định kỳ

～あまり

意味　とても～ので・～過ぎて

程度が極端なことを表す。「あまり」の後ではそのために起こった悪い結果を言う★。イAは「～さ」の名詞の形で言う(例③)。

Because something is very ～・too ～. Expresses that something's level is extreme. The resulting unfortunate thing comes after あまり. I-adjectives take the form of sa-nouns (Ex. 3).

非常……; 过于……。表示程度过分。在「あまり」的后面, 说明由此引起的坏结果。イAは「～さ」的名词形式来说明(例③)。

매우 ~하기 때문에・너무 ~해서. 정도가 극단적임을 나타낸다.「あまり」뒤에 그것으로인해 발생한 나쁜 결과를 나타낸다. イA는 명사형「～さ」꼴로 쓰인다 (예 3).

Chỉ vì quá... nên... Chỉ mức độ cực đoan. Sau あまり chỉ kết quả xấu xảy ra do điều đó gây ra. Đối với tính từ đuôi イ dùng dạng danh từ ～さ (Ví dụ 3)

接続

$$
\left.\begin{array}{l} \text{V　辞書形・た形} \\ \text{ナAな} \\ \text{Nの} \end{array}\right\} + \text{あまり}
$$

<例>　①子供の将来を心配するあまり、無理やり学校へ行かせた。

②彼は研究に熱心なあまり、給料も全部、研究に使ってしまう。

③彼女は忙しさのあまり、夫の誕生日を忘れてしまった。

★こんな文はだめ！

×彼は仕事熱心なあまり、みんなから信頼されている。

無理やり …… forcibly/ 强迫 / 억지로 /miễn cưỡng

給料 …… salary/ 工资 / 급료 /lương

第7週 5日目 確認テスト

問題1　正しいものに○をつけなさい。

1) 週末は暇だと言った {a. ばかりか　b. ばかりに}、父の仕事の手伝いをさせられた。
2) 働きすぎた {a. あまり　b. おかげで}、病気になった。
3) 電車の事故の {a. せいで　b. ばかりに}、仕事に遅れた。
4) 友達がやり方を教えてくれた {a. おかげで　b. ばかりに} パソコンソフトが使えるようになった。
5) {a. 嬉しいの　b. 嬉しさの} あまり、知らない人に抱きついてしまった。

抱きつく …… hug/ 抱住 / 꼭 껴안다 /ôm chặt

問題2　（　）に入る適当な言葉を□□□から選びなさい。同じ言葉は一度しか使えません。

あまり　　おかげ　　せい　　ばかり

1) 痛さの（　　）、動けなくなってしまった。
2) 有名人である（　　）に、プライベートな写真まで雑誌に出てしまった。
3) 家賃が安い（　　）で、貯金ができる。
4) 花粉症の（　　）か、喉と頭が痛い。

家賃 …… house rent/ 房租 / 집세 /tiền thuê nhà
貯金 …… savings/ 存款 / 저금 /tiết kiệm tiền
花粉症 …… hay fever/ 过敏性花粉症 / 꽃가루 알레르기 /dị ứng phấn hoa

問題 3 （　　）に入る最も適当なものを一つ選びなさい。

1) 彼は英語ができるばかりに、（　　）。

　a. 仕事熱心な人だ

　b. 仕事がよくできる

　c. 仕事が増えてしまう

2) 学校では、子供の個性を伸ばそうと考えるあまり、（　　）。

　a. 頭のいい子供が増えてきた

　b. 基礎学力が低下してしまったと言われている

　c. はっきり自分の意見が言えるようになってきた

3) （　　）ストレスのせいだ。

　a. 食欲がないのは

　b. 部屋がきたなくて

　c. 毎日仕事が楽しいから

個性 …… individuality/ 个性 / 개성 /tính cách

伸ばす …… develop/ 发挥 / 신장시키다 /phát triển

学力 …… scholastic ability/ 学习能力 / 학력 /sức học

229ページで答えを確認！

得点　／12

（第7週4日目の解答）
問題1　1) a　2) b　3) b　4) a
問題2　1) だけの　2) だけあって　3) だけに　4) だけ

第8週 1日目

～わけがない／～わけだ／～わけではない／～わけにはいかない

「わけ」を使った言い方

～わけがない・～わけはない

意味 絶対に～ない・あり得ない

強く否定する言い方で、そうなる理由や可能性がないことを表す。

~ is impossible/out of the question. Expresses that there is no reason for, or possibility of something happening, in a strongly negative manner.

不可能……; 不会……。用于强烈的否定, 表示没有理由或可能。

절대로～지 않다, 있을 수 없다. 강한 부정의 표현으로 그렇게 될 이유나 가능성이 없음을 나타낸다.

Tuyệt đối không..., không thể có chuyện là... Đây là cách nói phủ định mạnh, thể hiện vì lí do như thế nên không có chuyện có khả năng là...

接続

V・イA　普通形
ナA・N　名詞修飾型
　　　　　　　　　　　　 ＋ わけがない・わけはない

（ただし、ナAとNは「である」もOK。）

<例>
① こんな汚れた川で魚がとれるわけがない。

② 心をこめて手紙を書いたんだから、気持ちが伝わらないわけはない。

③ 息子「この自転車が古いから壊れたんだ。」
　父親「古いわけがないだろう。先月買ったばかりなんだから。」

④ 離婚して平気なわけがない。最近、高橋さんが元気がないのは当然だ。

こめる → 第9週3日目

離婚する …… get divorced / 离婚 / 이혼하다 / ly hôn

～わけだ

(1) 意味　～ということだ・～という結論になる

事実や状況からそうなる、そういう結論になることを表す。

It's just that ～・it's been decided that ～. Expresses that some conclusion has been reached because of some fact or situation.

当然……；自然……。表现根据事实或状况，而自然引发的结论。

～게 되다・～라는 결론에 달하다. 어떤 사실이나 상황으로 인하여 그러한 결과에 도달함을 나타낸다.

Kết luận là... Từ sự việc, tình hình mà kết luận được như thế.

接続
V・イA　普通形
ナA・N　名詞修飾型
＋ わけだ

<例>
① この本は、1日5ページ勉強すれば2か月で終わるわけだ。
② 観光旅行で日本へ来て、日本が好きになり、そのまま住んでしまったわけです。
③ 営業成績でボーナスの金額が決まるから、社員はみんな真剣なわけだ。

(2) 意味　だから～のだ

理由があって、そうなるのは当然だと納得したことを表現する。

That's why. Expresses that because of some reason, it's natural to agree with something.

因为……所以。表现由于某种原因，而得出理所当然的结论。

그래서 ～하다. 어떠한 이유로 인하여 그렇게 됨이 당연하다고 납득했을 때 쓰는 표현.

Vì... nên. Do có lí do nên đương nhiên phải như thế.

接続　(1) と同じ

<例>
① 吉田「田村さん、赤ちゃんが生まれたそうですね。」
　　佐藤「そうなんですか。それで最近急いで帰っているわけだ。」
② 暑いわけだ。エアコンがついていない。

営業成績 …… sales performance/ 销售业绩/ 영업 성적 /kết quả kinh doanh

金額 …… amount/ 金额/ 금액 /số tiền

第 8 週 1 日目

〜わけではない・〜わけでもない

意味 　**全部が〜ではない・必ず〜とは言えない**

完全に否定するのではなく、部分否定を表す。「〜ないわけではない」は部分的に肯定する言い方。

Not all...are 〜・〜 is not always the case. Expresses partial, but not complete negativity towards something. 〜ないわけではない has a partly-positive meaning.

并不是……; 并非……。表示不是完全的否定 , 而是部分否定。「〜ないわけではない」用于部分肯定。

전부가 〜인 것은 아니다·꼭 〜라고는 할 수 없다 . 완전한 부정이 아닌 부분 부정을 나타낸다 .「〜ないわけではない」 는 부분적으로 긍정하는 표현 .

Không có nghĩa là..., không nhất thiết là... Chỉ phủ định một phần chứ không phải là phủ định toàn bộ. 〜ないわけではない là cách nói khẳng định phần nào (không toàn bộ).

接続 　V・イA 普通形
　　　　ナA・N 名詞修飾型 ｝ ＋ わけではない・わけでもない

<例> ①ゲームが大好きだけど、毎日しているわけではないよ。

②忙しいからといって、売上げがいいわけではない。

③嫌いなわけでもないんですが、チョコレートはあまり食べません。

④彼女の気持ちが分からないわけではないが、賛成はできない。

売上げ …… sales/ 销售额 / 매출 /doanh thu

～わけにはいかない・～わけにもいかない

意味　　～できない

したい気持ちはあるが、理由があってできないことを表す。「～ないわけにはいかない」は「～なければならない」の意味になったり（例③）、「～したい気持ちが抑えられない」の意味になったり（例④）する。

～ is not possible. Expresses that one wants to do something, but for some reason, it's impossible. ～ないわけにはいかない can mean "have to ～ " (Ex. 3), or "can't resist one's desire to ～ " (Ex. 4).

不可能……。表示想做某事，由于某种原因而无法做。「～ないわけにはいかない」有「不做不行」的意思 (例③)，或有「不能压抑想要去实行的心情」的意思 (例④)。

～할 수 없다. 하고 싶은 마음은 있지만 사정이 있어 못함을 나타낸다.「～ないわけにはいかない」는「～해야 한다」(예 3),「～하고 싶은 마음을 억누를 수 없다」는 뜻을 나타낸다 (예 4).

Không thể... Muốn làm nhưng do lí do nào đó nên không thể thực hiện được. ～ないわけにはいかない có lúc mang nghĩa: Phải... (ví dụ 3), có lúc mang nghĩa: Không thể kiểm soát tâm trạng muốn làm gì đó (ví dụ 4).

接続　　V　辞書形　＋　わけにはいかない・わけにもいかない

<例>　①明日提出するレポートがまだ書けていないので、寝るわけにはいかない。

　　　②車で来たから、お酒を飲むわけにもいかない。

　　　③仕事上のパーティーだから、行かないわけにはいかない。

　　　④500円でケーキ食べ放題と聞いたら、行かないわけにはいかない。

提出する　……　hand in/ 提交 / 제출하다 /nộp

食べ放題　……　all-you-can-eat/ 自助餐 / 뷔페 /ăn búp fê

第8週 1日目

確認テスト

問題1　正しいものに○をつけなさい。

1) あんな背の高い子が小学生の {a. わけがない　b. わけではない}。
2) 熱があるけど、今日は重要な会議があるから、会社を休む {a. わけがない　b. わけにはいかない} んだ。
3) あの二人は双子だからそっくりな {a. わけだ　b. わけにもいかない}。
4) 忙しい {a. わけだ　b. わけでもない} が、ランチを外で食べる時間が取れない。
5) {a. 嫌いだ　b. 嫌いな} わけではないが、カラオケはあまり行かない。

双子 …… twins/ 双胞胎 / 쌍둥이 /Sinh đôi

問題2　（　）に入る適当な言葉を　　　　から選びなさい。同じ言葉は一度しか使えません。

| わけがない　わけだ　わけではない　わけにはいかない |

1) みんな忙しそうだから、手伝ってもらう（　　　）。
2) 単語を1日3つ覚えれば、1か月で90個覚えられる（　　　）。
3) いつも優しい彼がそんなひどいことを言う（　　　）。
4) あの会社は忙しくて有名だが、毎日残業している（　　　）。

残業する …… work overtime/ 加班 / 잔업하다 /làm thêm giờ

問題3　最も適当なものを選び、右と左を一つずつ結んで文を完成しなさい。

1) お世話になった先生が招待してくださったので　　・　　　　・　a. 行けるわけがない。

2) 忙しくて行けないが、楽しそうな同窓会に　　・　　　　・　b. 行きたくないわけではない。

3) 休みが3日しかないのにヨーロッパ一周旅行なんて　　・　　　　・　c. 行かないわけにはいかない。

同窓会 …… class reunion / 校友会 / 동창회 / họp lớp
ヨーロッパ一周旅行 …… around-Europe tour / 环游欧洲 / 유럽 일주 여행 / du lịch vòng quanh châu Âu

---

(第7週5日目の解答)
問題1　1) b　2) a　3) a　4) a　5) b
問題2　1) あまり　2) ばかり　3) おかげ　4) せい
問題3　1) c　2) b　3) a

第8週 2日目

～ことか／～ことだ／～ことだから／～ことなく

「こと」を使った言い方

～ことか

意味 とても～だ

強く感じたこと、程度が強いことを表す強調表現。「どんなに・どれだけ・なんと・何回・何度」などの言葉と一緒に使うことが多い。

Very ～ . Emphatic expression for a strong feeling or high level of something. Often used with どんなに・どれだけ・なんと・何回・何度 , etc.

多么……啊。用来强调感受和程度很深。经常和「どんなに・どれだけ・なんと・何回・何度」等词语一起使用。

매우 ～하다. 강하게 느낀 점, 정도가 강함을 나타내는 강조 표현. 「どんなに・どれだけ・なんと・何回・何度」등이 따르는 경우가 많다 .

Rất... Biểu thị cảm giác mạnh, mức độ mạnh. Thường sử dụng kèm với từ như どんなに・どれだけ・なんと・何回・何度 .

接続 V・イA 普通形 / ナA 名詞修飾型 ＋ ことか

<例>
① 姉が留学先から帰ってくる。母がどれだけ喜ぶことか。
② 庭の木に今年やっと花が咲いた。何年待ったことか。
③ 子供のころ両親が亡くなって、彼はどんなにつらかったことか。
④ 大勢の客の前で演奏できるのは、なんと素敵なことか。

亡くなる …… pass away/ 去世 / 돌아가시다 /mất

演奏する …… play/ 演奏 / 연주하다 /biểu diễn

〜ことだ

(1) 意味　とても〜だ

話し手が驚いたことや感動したことなどを言う。

Very 〜. Expresses speaker's surprise or strong impression.
太……。表示说话人惊讶和感动等情景。
참으로 〜하다. 놀라움과 감탄 등을 나타낸다.
Rất... Cách nói thể hiện là người nói ngạc nhiên hay cảm động.

接続　イAい / ナAな ＋ ことだ

<例>
① 夏休みが2か月もあるなんて、うらやましいことだ。
② 風邪をひいて試合の応援に行けなかった。残念なことだ。

(2) 意味　〜しなさい・〜したほうがいい

命令や助言を表す。目上の人に対しては使わない。

Do 〜・one should 〜. Expresses orders or recommendations. Not used with superiors.
最好……; 应该……。表示命令和忠告。不能对长辈人使用。
〜해야 한다・〜하는 편이 좋다. 명령이나 조언을 표현한다. 윗사람에게는 쓰지 않는다.
Hãy làm..., nên làm... Chỉ mệnh lệnh hay lời khuyên. Không dùng với người hơn tuổi.

接続　V　辞書形・ない形　＋　ことだ

<例>
① 強くなりたければ、毎日練習することだ。
② 親を心配させるようなことは話さないことだ。

応援 …… cheer / 声援 / 응원 / cố vũ

第8週2日目

～ことだから

意味　～だから、たぶん

人を表す名詞について、その人の**性格**から**予想**されることを**述**べる。

Because of ～ , maybe... With a person, it expresses idea that one can expect something because of a person's character.
因为是……。用于说明表示人物的名词，根据某人的性格来预测事情的结果。
～이므로 아마도. 사람을 나타내는 명사에 붙어 그 사람의 성격으로 미루어 예상되는 내용을 서술한다.
Vì là ..., có lẽ... Nếu là danh từ chỉ người thì cách nói này có ý chỉ việc được suy đoán từ tính cách của người đó.

接続　Nの　＋　ことだから

<例> ①きれい好きな彼のことだから、部屋も片付いているに違いない。
②小さい子供のことだから、けんかしてもすぐに仲直りできます。
③佐藤さんのことだから、誰よりも早く待ち合わせ場所に来ていると思うよ。

きれい好き …… cleanly/ 喜好洁净/ 깨끗한 것을 좋아함 /thích sạch sẽ

仲直りする …… make up/ 和好/ 화해하다 /làm hòa

待ち合わせ場所 …… meeting place/ 碰头地点/ 만나기로 한 곳 /nơi gặp gỡ

〜ことなく

意味　〜しないで

「〜しないで」の少し硬い言い方。

Without 〜 . Slightly more formal than 〜しないで .
不……。比「〜しないで」的说法较生硬。
〜하지 않고.「〜しないで」의 딱딱한 표현.
... không làm. Là cách nói hơi nhấn mạnh một chút của 〜しないで .

接続　　V　辞書形　+　ことなく

<例>　①久しぶりに会ったのに、兄と弟は一度も話すことなく別れた。

　　　②この工場は休むことなく一年中動いている。

　　　③いつ来ても変わることなく、ここから見る景色は美しい。

第8週 2日目

確認テスト

問題1　正しいものに○をつけなさい。

1) 知られたくないなら、誰にも言わない {a. ことだ　b. ことではない}。
2) いつも元気な彼女の {a. ことだから　b. ことなく}、すぐに新しい友達ができるだろう。
3) 連絡がとれなくなったので、どれだけ心配した {a. ことか　b. ことだ}。
4) {a. 迷う　b. 迷った} ことなく、日本で就職することに決めた。
5) 海外で仕事をしている父が帰ってくることになった。どんなに {a. 待つ　b. 待った} ことか。

就職する……get a job / 就业 / 취직하다 / vào làm việc

問題2　（　）に入る適当な言葉を □ から選びなさい。同じ言葉は一度しか使えません。

| ことか　ことだ　ことだから　ことなく |

1) 優しい彼の（　　　　）、いいお父さんになるだろう。
2) 子供の頃は公園で飽きる（　　　　）遊んでいた。
3) 悩みがあるときに話を聞いてくれる友達がいるのは、ありがたい（　　　　）。
4) 忙しくて忙しくて、仕事をやめようと何度考えた（　　　　）。

悩み……problem / 烦恼 / 고민 / đau khổ

問題3　どちらか適当なものを選びなさい。

1） a. 風邪をひいている時は ｝、早く寝ることだ。
　　 b. もう電気が消えていたから

2） その男は警察官に気付かれることなく、｛ a. ビルに入った。
　　　　　　　　　　　　　　　　　　　　 b. ついに捕まった。

3） 性格が明るい弟のことだから、｛ a. 東京で何年過ごしただろうか。
　　　　　　　　　　　　　　　　 b. 東京でも楽しく過ごしているだろう。

捕まる …… be caught/ 被捕 / 잡히다 /bị bắt

過ごす …… spend/ 度过 / 지내다 /trải qua

241 ページで答えを確認！

得点 ／12

（第8週1日目の解答）
問題1　1) a　2) b　3) a　4) b　5) b
問題2　1) わけにはいかない　2) わけだ　3) わけがない　4) わけではない
問題3　1) c　2) b　3) a

第8週 3日目
～ことには／～ことになっている　～ことはない／～ということだ

「こと」を使った言い方。Part 2

～ことに（は）

意味　とても～だ

話し手の気持ちを強調する言い方で、後文の内容について強く感じたことを「～ことに」の前で言う。後文には意志を表す文は来ない★。

Very ~ . Expresses speaker's strong feeling. What follows will contain something strongly felt about the thing in front of ～ことに. What follows will not contain something about intention.

令人……的是。用于强调说话人的心情，在「～ことに」的前面说明，表示对后面的内容感触深刻。后面不能接续表示意识的语句。

매우 ~하다. 말하는 사람의 감정을 강조하는 표현. 뒤 문장에 대한 강한 느낌을「～ことに」앞에서 표현한다. 의지를 나타내는 문장은 뒤따르지 않는다.

Rất... Đây là cách nói nhận mạnh tâm trạng của người nói, trước ～ことに thể hiện cảm giác mạnh đối với nội dung của vế sau câu.

接続
V た形
イAい　　＋ ことに（は）
ナAな

<例>　①驚いたことには、水野さんと私は同じ高校を卒業していた。
　　　②嬉しいことに、誕生日に友達から花をもらった。
　　　③不思議なことに、祖母が亡くなる前の日に祖母の夢を見た。

★こんな文はだめ！
×嬉しいことに、来年はカナダへ留学するつもりだ。

亡くなる …… pass away／去世／돌아가시다／mất

〜ことになっている・〜こととなっている

意味　〜と決まっている

規則、慣例や予定などで決まっていることを述べる。

〜 has been decided. Expresses that something is a rule, custom, plan, etc. that has been decided on.
按规定……。表现按照规则、常规和计划等决定的情况。
〜하기로 되어 있다. 규칙・관례・예정 등에 의해 결정되어 있음을 나타낸다.
Được quyết định là..., quy định là... Chỉ việc được quyết định, quy định bởi theo qui tắc, thói quen, dự định.

接続　V　辞書形・ない形　＋　ことになっている・こととなっている

<例>　①日本では女性は16歳、男性は18歳から結婚できることになっている。

②この会社では、毎朝、社員全員で体操をすることになっている。

③講演の前に、社長が挨拶をさせていただくこととなっております。

④ここでは写真を撮ってはいけないことになっている。

講演 …… lecture / 演讲 / 강연 / bài giảng

第8週3日目

〜ことはない・〜こともない

意味　〜する必要はない

しなくてもいいことを伝える表現で、助言や忠告に使うことが多い。

It's not necessary to 〜．Expresses that it's not necessary to do something, and is often used as a recommendation or advice.

不必要……。说明没有必要做某事，多用于建议和忠告。

〜할 필요는 없다．하지 않아도 됨을 전하는 표현으로，주로 조언이나 충고에 쓰인다．

Không cần phải làm... Đây là cách nói biểu thị việc không làm cũng được, thường dùng để khuyên bảo.

接続　V　辞書形　+　ことはない・こともない

<例>
① ちょっとけがをしただけだから、心配することはない。
② メールで要件を伝えればいいので、わざわざ行くこともないだろう。
③ カラオケへ行っても、無理に歌うことはない。歌いたい人が歌えばいい。
④ 待ち合わせ時間に遅れたのは申し訳ないけど、そんなに怒ることはないでしょう。

要件 …… requirement/ 要求 / 요건 /yêu cầu

待ち合わせ …… rendezvous/ 约会 / 만나기로 함 /buổi gặp gỡ

～ということだ

(1) 意味　～そうだ

他から聞いたり読んだりして知ったことを言う表現。伝聞。

They say ～ . Expresses that something was heard or read elsewhere. Hearsay.
据说……。说明通过耳闻目睹而了解到某些事情。传闻。
～라 한다 . 듣거나 읽어서 알게 된 일을 말할 때 쓰는 표현 . 전문 (伝聞).
Hình như... Biết được thông qua nghe từ người khác hay đọc được ở đâu đó. Truyền miệng.

接続　V・イA・ナA・N　普通形　＋　ということだ
（ただし、ナAとNは「だ」がなくてもOK。）
※文の形にも接続できる（例④）

<例>
① 天気予報によれば、今夜は雪が降るということだ。
② この店は若い女性の間で話題になっているということだ。
③ この高校は制服がないので、服装は自由ということだ。
④ 時間がある人は手伝ってくださいということです。

(2) 意味　～という意味だ

何かを解釈したり言い換えたり結論を出して言う表現。

～ means... Expression for rephrasing and explaining when making conclusion.
……的意思。用于说明辩解或是换一种说法而得出某种结论。
～라는 의미이다 . 무언가를 해석하거나 다른 말로 바꿔 말하거나 결론을 내려 말하는 표현 .
Nghĩa là... Giải thích một điều gì đó, nói theo một cách khác, đưa ra kết luận.

接続　(1) と同じ

<例>
① 「一緒に働きましょう」と言われた。つまり合格したということだ。
② 「来月から大阪にある父の会社で働くことにしました。」
　「え、じゃあ、この会社をやめるということですか。」

服装 …… what to wear/ 服装 / 복장 /quần áo
つまり …… in other words/ 就是说 / 즉 /tức là

第8週 3日目

確認テスト
かくにん

問題1　正しいものに○をつけなさい。

1）困った {a. ことか　b. ことに}、車が壊れてしまった。
2）日本では20歳から酒が飲める {a. ことになっている　b. こともない}。
3）まだ時間はあるから、急ぐ {a. ことはない　b. ということだ}。
4）駅前のラーメン屋はいつも行列している {a. ことだ　b. ということだ}。
5）飛行機の中ではたばこは {a. 吸えない　b. 吸っている} ことになっています。

行列 …… line of people/ 排队 / 행렬 /hàng

問題2　□の中からもっとも適当なものを使って下線の言葉を書き換えなさい。□の中の言い方は一度しか使えません。

> ことになっている　　ことはない　　ということだ

1）部長がまだ外出中なので、会議は4時から始めるそうだ。
2）あなたは何も悪いことをしてないんだから、謝らなくてもいい。
3）私の会社では、年に2回、研修を受けると決まっている。

研修 …… training/ 进修 / 연수 /đào tạo

問題3　どちらか適当なものを選びなさい。

1) おめでたいことに、
   - a. 彼女と結婚しようと思う。
   - b. 田村さんに赤ちゃんが生まれたそうです。

2) 美術館は撮影禁止だ。カメラを持って行っても
   - a. 役に立つということだ。
   - b. 役に立たないということだ。

3)
   - a. 入社式のためにわざわざ
   - b. せっかくの入社式だから

   新しい服を買うことはない。

4) 7月に彼のコンサートが
   - a. 行われることになっていたが
   - b. 行われたことになっているが

   、中止になってしまった。

おめでたい …… auspicious/ 可喜 / 경사스럽다 /chúc mừng

入社式 …… initiation ceremony/ 进入公司仪式 / 입사식 /lễ chào mừng vào công ty

---

（第8週2日目の解答）
問題1　1）a　2）a　3）a　4）a　5）b
問題2　1）ことだから　2）ことなく　3）ことだ　4）ことか
問題3　1）a　2）a　3）b

第8週 4日目

～もの／～ものか／～ものだ／～ものがある

「もの」を使った言い方

～もの

意味　～から

文末につけて理由を表す。親しい人とのくだけた会話で、個人的な理由や言い訳を言うときに使う。「～もん」は「～もの」がくだけた形。

Because of ～ . Expresses a reason that comes at end of sentence. Used to give a personal reason or excuse in a chat with a person one knows well. ～もん is colloquial form of ～もの．

因为……。放在句尾，表示理由。用于同熟人密切交谈时，说明个人的理由和辩解。「～もん」是「～もの」的亲近形式。

～ 때문에．문장의 끝에 붙어 이유를 나타낸다．허물없는 사이에서 쓰이며 개인적인 이유나 변명 등을 말할 때 쓰는 표현．「～ もん」은 보다 허물없는 사이에 쓰인다．

Bởi vì... Thêm vào cuối câu để chỉ lí do. Dùng để nói lí do, phân trần biện bạch của cá nhân khi nói chuyện suồng sã với người thân quen. ～もん là cách nói suồng sã của ～もの．

接続　V・イA・ナA・N　普通形　＋　もの

※「～んだもの・～んだもん」の形もよく使う。

<例>　①一人で行けますよ。地図を書いてもらったんですもの。

②「ケーキ、全部食べちゃったの？」「だって、おいしかったんだもん。」

③ゲームを持っていこう。待っているとき、退屈だもん。

④誰でも悩みはあります。人間だもの。

悩み …… worries/ 烦恼 / 고민 /buồn lo

～ものか

意味
絶対に～ない・全然～ない

「～しない・～したくない・～じゃない」という話者の強い否定の気持ちを表す言い方。「～もんか」も同様。

Definitely not ～・far from ～. Expresses speaker's strong negative feelings of ～しない・～したくない・～じゃない. Same as ～もんか.

决不……; 难道……吗。表示说话人「～しない・～したくない・～じゃない」强烈的否定心情。同「～もんか」意思一样。

절대로 ~ 않겠다・전혀 ~ 지 않다.「~しない・~したくない・~じゃない」등 말하는 사람의 강한 부정의 감정을 나타낸다.「~もんか」도 같은 뜻.

Quyết không..., tuyệt đối không... Cách nói thể hiện sự phủ định mạnh của người nói kiểu như ～しない・～したくない・～じゃない. ～もんか cũng giống như vậy.

接続

V・イA 普通形
ナA・N 名詞修飾型
} ＋ ものか

（ただし、Nは「Nの」ではなく、「Nな」になる。）

<例>
① ちょっとけがをしたくらいで負けるものかと頑張った。

② あんなひどい店、二度と行くものかと思った。

③ 「この仕事は楽だって店長が言ってたよ。」「楽なもんか。大変なんだ。」

④ あんな人は立派な政治家なものか。公約したことを全然守らないんだから。

政治家 …… politician/ 政治家 / 정치가 /chính trị gia

公約する …… commit oneself on/ 承诺 / 공약하다 /giao ước công khai với dân chúng

第 8 週 4 日目

～ものだ・～ものではない

(1) 意味 ～が普通だ

本来そうあるべきこと、常識、もともとの性質などを言い表す。一般的な性質を述べるときに使う表現で、個別の性質については使わない★。

~ is normal. Expresses naturalness, common sense, or the original quality of something. Since it expresses the general nature of something, it is not used for an individual quality.

要……。表示理所应当、常识、本来的性质。用于说明事物的一般性质，不能用于个别的性质。

~ 가 보통이다. 마땅히 그래야 함, 상식, 본래의 성질 등을 나타낸다. 일반적인 성질을 말할 때 쓰는 표현으로, 하나 하나의 성질에 대해서는 쓰이지 않는다.

... là đương nhiên. Cách nói chỉ điều đó là đương nhiên từ trước đến nay, điều đó là bình thường, nguyên là thế rồi. Dùng để chỉ tính chất thông thường nói chung, không sử dụng đối với tính chất riêng biệt.

接続　V・イA　普通形　｝＋　ものだ・ものではない
　　　ナA・N　名詞修飾型

<例>　①毎日勉強するのはつらいものだ。
　　　②何歳になっても親は子供のことが心配なものだ。

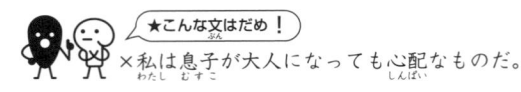

★こんな文はだめ！
×私は息子が大人になっても心配なものだ。

(2) 意味 ～するのが当然だ

(1) の意味から、それを助言として言う言い方。

It's natural to ~ . From the meaning of (1), it's used to give advice.

应当……。根据 (1) 的意思，对其提出建议的说法。

마땅히 ~해야 한다. (1) 과 같은 뜻으로, 그것을 조언으로서 사용.

Làm...là đương nhiên. Đây là cách nói khuyên nhủ từ ý nghĩa của (1)

接続　V　辞書形・ない形　＋　ものだ・ものではない

<例>　①お年寄りには席を譲るものだよ。
　　　②人の悪口を言うものではない。

(3) 意味 本当に～だなあ

感心したことや驚いたことなどを気持ちを込めて言う言い方。

It's really ～. Expresses that one has a feeling of admiration or surprise toward something.
真……呀。用于表示感叹和惊讶等钦佩的心情。
참으로 ～구나・군. 감탄, 놀라움 등의 감정을 넣어 나타내는 표현.
Thực sự là... Thể hiện sự thán phục hay ngạc nhiên.

接続 (1) と同じ

<例>　①彼は不真面目な学生だったのに、よく卒業できたものだ。

　　　②もう、12月だ。一年が終わるのは早いものだ。

(4) 意味 昔はよく～した

以前よくやったことや以前の状態を懐かしんで言う言い方。

Used to ～ often. Expresses nostalgia for a situation or something one used to do often.
常常……了。用于想念过去经常做的事情和过去的状态。
옛날에는 자주 ～했었지. 이전에 자주 하던 일이나 이전의 상태에 대한 그리움을 나타내는 표현.
Ngày xưa thường làm... Nhớ về việc thường làm trước đây.

接続
Ｖた形
イAかった　＋　ものだ
ナAだった

<例>　①大学生のころは、朝まで友達と酒を飲んだものだ。

　　　②昔つき合っていた彼とよくここへ来たものだ。

　　　③この辺は何もなくて静かだったものだ。

お年寄り …… elderly people/ 老年人 / 노인 /người cao tuổi

席を譲る …… give one's seat to/ 让座 / 자리를 양보하다 /nhường chỗ

つき合う …… go out with/ 交往 / 사귀다 /hẹn hò

～ものがある

意味　～と感じる

～と感じさせるような特徴や要素があることを表す。

Feels like ～. Expresses that something has a characteristic or element which moves people.

觉得……。表现对某些事物感受到的特征和因素。

～한 느낌이 있다. ～라고 느끼게 하는 특징과 요소 등이 있음을 나타낸다.

Có cảm giác là... Có đặc trưng hay yếu tố làm cảm giác là...

接続　V　辞書形
　　　　イAい　　　＋　ものがある
　　　　ナAな

<例>　①彼のヴァイオリンの演奏には人を感動させるものがある。

②自分が通った学校がなくなるのはさびしいものがある。

③知らない人と簡単に知り合いになれるネット上のコミュニティは危険なものがある。

演奏 …… performance/ 演奏 / 연주 /biểu diễn

第8週 4日目 確認テスト

問題1　正しいものに○をつけなさい。

1) 母親「どうしてすぐに連絡、くれなかったの。」
　　息子「だって、近くに電話がなかったんだ {a. もん　b. もんか}。」

2) 留学は楽しみだが、友達と会えなくなるのはつらい {a. ものか　b. ものがある}。

3) 試合に負けたぐらいで泣く {a. ものか　b. ものだ}。

4) よく知らない人に電話番号や住所を教える {a. ものだ　b. ものではない}。

5) 薬はにがい {a. ものがある　b. ものだ}。我慢して飲みなさい。

6) 学生の時は週末によく {a. テニスをして　b. テニスをした} ものだ。

7) 父が優しいって？ 優しい {a. 父親の　b. 父親な} ものか。私は叱られてばかりだ。

問題2　次の文と同じ意味の「ものだ」を使っている文を一つ選びなさい。

◆学生時代は毎週映画館へ行って映画を見たものだ。

a. うちの犬は誰にでもすぐ吠える。困ったものだ。

b. 同級生と会って話をするのは楽しいものだ。

c. きれいな服を着ると気分も変わるものだ。

d. 兄弟げんかをしてよく親に叱られたものだ。

吠える …… bark/ 吼叫/ 짖다 /sủa

同級生 …… classmate/ 同班同学/ 동창생 /bạn cùng lớp

(第8週3日目の解答)
問題1　1) b　2) a　3) a　4) b　5) a
問題2　1) 始めるということだ　2) 謝ることはない　3) 受けることになっている
問題3　1) b　2) b　3) a　4) a

第8週 5日目

～ものだから／～ものなら／～というものだ／～というものではない

「もの」を使った言い方。Part 2

～ものだから

意味　　～だから

理由を表す。後文に命令や意志を表す文は来ない★。言い訳に使うことが多い。「～もので」も同じように使う。

Because ～ . Expresses a reason. What follows will not be an order or expression of intent. Often used for excuses. Same meaning as ～もので．

因为……。表示理由。后面不能接续表示命令和意识的语句。多用于辩解。用法和「～もので」一样。

～때문에．원인·이유를 나타낸다．뒤 문장에 명령·의지를 나타내는 문장은 오지 않는다．변명할 때 쓰는 경우가 많다．「～もので」도 같은 뜻으로 쓰인다．

Tại vì... Biểu thị lí do. Vế sau không dùng câu thể hiện mệnh lệnh và ý chí. Thường dùng để nói phân trần, biện bạch. ～もので cũng dùng giống như vậy.

接続　　V・イA　普通形
　　　　　ナA・N　名詞修飾型　｝＋ ものだから

（ただし、Nは「Nの」ではなく、「Nな」になる。）

<例>　①バスが来ないものだから、タクシーを使ってしまった。

　　　②先週は忙しかったもので、メールの返事が遅れてしまいました。

　　　③吉田「佐藤さんの机の上はいつも物がたくさん置いてあるね。」
　　　　佐藤「すみません。片付けるのが面倒なものですから。」

★こんな文はだめ！

×バスが来ないものだから、タクシーを使いましょう。

面倒な …… troublesome／麻烦的／귀찮은／phiền hà

〜ものなら

(1) 意味 たぶんできないが、もし〜ができるなら

「実現する可能性が低いが、もしできると仮定した場合」という意味で、後文で希望、話者の意志、命令などを述べる。

〜 is probably not possible, but one wishes it were. Expresses idea that "the possibility is low, but hypothetically, if it were..." What follows will be hope, speaker's intention, order, etc.

假如……。「就算实现的可能性很低，但是还是有可能实现的情况下」的意思，在后面的内容里说明：希望、说话人的意图、命令等。

아마 불가능하겠지만, 만약 〜할 수 있다면.「실현 가능성은 적으나, 만약 가능하다고 가정한다면」이라는 의미로, 뒤 문장에는 희망, 의지, 명령 등의 내용이 온다.

Có lẽ không thể nhưng nếu có thể...thì... Ý nghĩa là: Khả năng thực hiện được là thấp nhưng giả dụ nếu có thể thì... Vế sau thể hiện nguyện vọng, ý chí, ... của người nói, mệnh lệnh...

接続 V 辞書形 + ものなら

<例> ①学生の頃に戻れるものなら戻りたい。
②治るものなら、いくらお金がかかっても構わない。
③明日までに書けるものなら、書いてみろ。

(2) 意味 もし〜したら

もし〜したら大変なことになることを意味し、後文では大変な事態を表す文が来る。

If 〜 is done... If 〜 is done, something troublesome will happen. What follows will express the troublesome situation.

如果……。表示如果……，就会出现严重的后果。后面接续表示事态严重的语句。

만약 〜한다면. 그렇게 되면 큰일이 일어난다는 가정 조건을 나타내며, 뒤 문장에는 큰 사태를 나타내는 내용이 따른다.

Nếu làm...thì... Biểu thị là nếu làm thì sau đó sẽ có chuyện xấu xảy ra. Vế sau thể hiện tình trạng xấu đó.

接続 V 意向形 + ものなら

<例> ①姉の服を着ようものなら、すごく怒られる。
②授業中にあくびでもしようものなら、先生からチョークが飛んでくる。

あくびをする …… yawn / 打哈欠 / 하품하다 / ngáp

～というものだ

意味 それは～だ

話し手が何かについての感想を言ったり主張をしたりする、断定的な言い方。

That's ～. Affirmatively expresses speaker's thoughts or requests about something and makes a conclusion.

就是……。说话人对某事发表感想和主张，表示判断的说法。

그것은 ~이다. 말하는 사람이 무언가에 대한 감상을 말하거나 주장하거나 하는, 단정적인 표현.

Cái đó thì... Cách nói thể hiện cảm giác của người nói về điều gì đó.

接続 Ｖ・イＡ・ナＡ・Ｎ　普通形　＋　というものだ

（ただし、ナＡとＮは「だ」がつかない場合もある。）

<例> ①今頃、本当の母親ではないと言われても、信じられないというものだ。

②私の描いた絵が表彰された。努力した甲斐があったというものだ。

③働いている人に1日5時間勉強しろなんて、無理というものだ。

④何が起こるか分からないのが人生というものだ。

表彰する …… give an award/ 表扬 / 표창하다 /khen ngợi

甲斐がある …… worth/ 值得 / 보람이 있다 /bõ công

〜というものではない・〜というものでもない

意味　〜とは言えない

「いつも・必ず〜とは限らない」という意味を表す。
Doesn't necessarily mean that 〜. Expresses that something is "not always/definite."
并不是……。表现「和常规的情况不同,不一定」的意思。
〜라는 것은 아니다.「언제나・꼭〜라고는 할 수 없다」는 뜻을 나타낸다.
Không thể nói là... Thể hiện ý nghĩa là: Không phải lúc nào cũng...

接続　V・イA・ナA・N　普通形　+　というものだ
（ただし、ナAとNは「だ」がつかない場合もある。）

<例>　①転職したら給料がよくなるというものでもない。
　　　②航空券は安ければいいというものではない。
　　　③語学ができる人は就職に有利だというものでもない。

転職する …… change jobs/ 更换工作 /이직하다 /chuyển việc
給料 …… salary/ 工资 / 급료 /lương
就職する …… get a job/ 就业 / 취직하다 /tìm việc làm
有利な …… advantageous/ 有利的 / 유리한 /lợi thế

第8週 5日目

確認テスト

問題1　正しいものに○をつけなさい。

1）空を飛べる {a. というものだから　b. ものなら}、すぐにでも家に帰りたい。
2）サプリメントを飲めば健康になる {a. というものでもない　b. ものがある}。
3）楽しかった {a. ものだから　b. ものなら}、飲みすぎてしまいました。
4）男女で給料が違うのは {a. 不公平　b. 不公平な} というものだ。
5）夜遅くにギターを {a. 弾く　b. 弾こう} ものなら、家族全員に怒られる。

給料 …… salary/ 工资 / 급료 /lương

問題2　（　）に入る適当な言葉を[　　]から選びなさい。同じ言葉は一度しか使えません。

[　ものだから　　ものなら　　というものだ　　というものではない　]

1）途中で仕事をやめるなんて、無責任（　　　）。
2）雨が降ってきた（　　　）、濡れてしまった。
3）遅く帰ろう（　　　）、家に入れてもらえなかった。
4）何でも新しければいい（　　　）。

濡れる …… get wet/ 淋湿 / 젖다 /bị ướt

問題3　どちらか適当なものを選びなさい。

1）みんなに会うのが久しぶりなものだから、｛a. 名前を思い出しなさい。
　　　　　　　　　　　　　　　　　　　　｛b. 名前を思い出せない人もいる。

2）旅行に行けるものなら｛a. 行きたい。
　　　　　　　　　　　　｛b. 休みが取れない。

3）授業中は静かに先生の話を聞いていればいいというものではない。
　　｛a. 積極的に発言するべきだ。
　　｛b. うるさい学生は教室から外に出される。

積極的な …… positive/ 积极的 / 적극적인 /tích cực

発言する …… speak/ 发言 / 발언하다 /phát ngôn

259ページで答えを確認！

得点　／12

（第8週4日目の解答）
問題1　1）a　2）b　3）a　4）b　5）b　6）b　7）b
問題2　1）d

第9週 1日目 〜てしょうがない／〜てならない／〜っこない／〜ようがない

「ない」を含んだ言い方はいろいろある！

〜てしょうがない・〜てたまらない

意味 とても〜だ

「我慢できないくらいとても〜だ」という意味で、話し手の強い感覚や感情を表す。第3者について言うときは、文末に「らしい・ようだ」などをつけて言う。「〜てしかたがない」も同じ意味。

Very 〜. Expresses speaker's sensation or emotion, meaning "So 〜 that one can't stand it." When third person is used, use らしい・ようだ. Same meaning as 〜てしかたがない.

非常……。「难以忍受，非常……」意思，表示说话人强烈的感受和感情。说明第三方的时候，句尾接续「らしい・ようだ」等。「〜てしかたがない」意思也相同。

매우 〜하다.「견딜 수 없을 정도로 몹시 〜하다」의 뜻으로 말하는 사람의 강한 감정이나 감각을 나타낸다. 제 3 자에 관해서 말할 경우에는 끝에「らしい・ようだ」등을 붙인다.「〜てしかたがない」도 같은 뜻이다.

Rất, cực kỳ... Thể hiện ý nghĩa: ... tới mức không thể kìm nén được, thể hiện cảm giác mạnh của người nói. Nếu là ngôi thứ 3 thì thường thêm らしい・ようだ vào cuối câu. 〜てしかたがない cũng có nghĩa giống vậy.

接続

Vて形
イAくて   ＋ しょうがない・たまらない
ナAで

<例>
①昨日から何も食べていないので、お腹がすいてしょうがない。
②近くで花火大会をしているから、外はうるさくてしょうがない。
③最近は会社で仕事をしている時間が楽しくてしょうがない。
④最新のデジカメが欲しくてたまらない。
⑤将来のことを考えると不安でたまらない。

花火大会 …… fireworks festival/ 焰火大会 / 불꽃 축제 /lễ hội pháo hoa

最新の …… the latest/ 最新的 / 최신의 /mới nhất

～てならない

意味　とても～だ

「自然に～という気持ちが出てきて、その気持ちが抑えられないくらいとても～だ」という意味。話し手の感覚や感情などを言う。第3者について言うときは、文末に「らしい・ようだ」などをつけて言う。

Very ～. Expresses that "one naturally feels ～, and that one is so ～ that one cannot suppress it." Expresses speaker's sensation or feeling. When third person is used, use らしい・ようだ.

非常……。「表现自然而然的感觉,难以压抑这种感觉,感到很……」的意思。表达说话人的感受和感情等。说明第三方的时候,句尾接续「らしい・ようだ」等。

매우 ~하다.「자연스럽게 ~기분이 들어, 그 기분을 참으려 해도 참을 수 없을 정도로~하다」의 뜻. 말하는 사람의 감정이나 감각을 나타낸다. 제3자에 관해서 말할 경우에는 문장 끝에「らしい・ようだ」등을 붙인다.

Rất, cực kỳ... Thể hiện ý nghĩa: Tự nhiên cảm xúc... dâng trào, không thể kìm nén được. Cách nói thể hiện cảm giác, cảm xúc của người nói. Nếu là ngôi thứ 3 thì thường thêm らしい・ようだ vào cuối câu.

接続

V て形　　　　　｜
イA くて　　　｝＋ ならない
ナA で　　　　　｜

<例>　①今日の佐藤さんは元気がなかったので、気になってならない。

②この試合で監督が辞めてしまうのは残念でならない。

③彼女はどうして自分が合格したのか不思議でならないようだ。

監督 …… manager/ 教练 / 감독 /huấn luyện viên

第 9 週 1 日目

〜っこない

意味　**絶対に〜ない**

「〜わけがない」と似た意味で、話し手が可能性を強く否定する表現。くだけた会話で使う。

Definitely not 〜. Similar in meaning to 〜わけがない, and expresses that speaker feels strongly there is little chance of something happening. Used colloquially.

不会……。同「〜わけがない」的意思相似，表示说话人强调否认其可能性。用于亲近者之间的会话。

절대로 〜할 리가 없다.「〜わけがない」와 비슷한 뜻으로, 가능성을 단호히 부정하는 표현. 친한 사이에서 격의 없이 쓰는 표현.

Tuyệt đối không... Nghĩa giống với 〜わけがない, thể hiện ý phủ định mạnh của người nói về khả năng có thể. Sử dụng khi nói chuyện suồng sã, thân mật.

接続　**V ます形 ＋ っこない**

<例>　①宝くじなんて当たりっこない。

②3日で漢字100個も覚えるの？　そんなこと、できっこないよ。

③まだ学生なのに彼女に結婚しようなんて言えっこない。

宝くじ …… lottery / 彩票 / 복권 / xổ số

〜ようがない・〜ようもない

意味　〜できない

方法や手段がないからできないことを表す。

〜 is not possible. Expresses that there is no method or procedure so something is impossible.

无法……。表示因为没有方法和手段，而无法做某事。

〜할 수 없다. 방법이나 수단이 없어 어찌할 도리가 없음을 나타낸다.

Không thế... Biểu thị việc không thể thực hiện do không có phương pháp, cách giải quyết.

接続　V　ます形　+　ようがない・ようもない

<例>　①私は山本さんの電話番号も住所も知らないから連絡しようがない。

②まだ調査中なので、事故の原因を聞かれても答えようがない。

③彼の音楽の才能は素晴らしい。天才としか言いようがない。

④両親は結婚させたがっているが、本人が結婚したくないと言っているのだからどうしようもない。

調査 …… investigation/ 调查 / 조사 /điều tra

才能 …… talent/ 才能 / 재능 / tài năng

天才 …… genius/ 天才 / 천재 /thiên tài

第9週 1日目 確認テスト

問題1 正しいものに○をつけなさい。

1) 質問の意味が分からないので答え {a. てたまらない b. ようがない}。
2) 先週受けた試験の結果が気に {a. なるっこない b. なってならない}。
3) 昨日あまり寝ていないので、{a. 眠くてたまらない b. 眠いっこない}。
4) 新車なんて高くて {a. 買えっこない b. 買えてならない} よ。
5) 父に会えなかったのが {a. 残念 b. 残念な} でたまらない。
6) そんなこと家族には {a. 言え b. 言える} っこない。

問題2 ☐の中からもっとも適当なものを使って下線の言葉を書き換えなさい。☐の中の言い方は一度しか使えません。

| っこない　　ならない　　ようがない |

1) 私の気持ちなんてあなたには<u>絶対に分からない</u>。
2) 捨てられた犬が<u>とてもかわいそうだ</u>。
3) 彼に謝ろうと思ったが、連絡がとれないので<u>謝ることができない</u>。

問題3 （　　）に入る最も適当なものを一つ選びなさい。

1) （　　）。どうしようもない。

　　a. 手術をすれば治るかもしれない
　　b. この病気は現代の医学では治せない
　　c. けがは治ったからもうすぐ退院できるだろう

2) 仕事中にお腹がすいてしょうがないので、（　　）。

　　a. いつもお菓子を持っている
　　b. 仕事に集中して忘れてしまう
　　c. 昼ごはんは食べる必要がない

3) （　　）、断れっこない。

　　a. 私は忙しいから
　　b. 先生に頼まれたことだから
　　c. はっきり言ったほうがいいから

現代の …… modern/ 現代的 / 현대의 /hiện tại
集中する …… concentrate/ 集中 / 집중하다 /tập trung
断る …… refuse/ 拒绝 / 거절하다 /từ chối

265ページで答えを確認！

得点　/12

（第8週5日目の解答）
問題1　1) b　2) a　3) a　4) a　5) b
問題2　1) というものだ　2) ものだから　3) ものなら　4) というものではない
問題3　1) b　2) a　3) a

第9週 2日目

～得る（～得る）／～おそれがある／～かねる／～がたい

可能性や可能・不可能を示す言い方

～得る（～得る）／～得ない

意味　　～できる／～できない

「～得る」は「できる」または「可能性がある」の意味で、「うる」と読む場合と「える」と読む場合がある。「～得ない」は「できない」または「可能性がない」ことを意味し、読み方は「えない」のみ。「～得る」も「～得ない」も、能力的にできる・できないの意味では使わない。
「あり得る」は可能性がある、「あり得ない」は可能性がないという意味になる。

～ is possible/ ～ is impossible. ～得る means "can be done" or "possible," and can be read as both うる and える. ～得ない means "can't be done" or "impossible" and can only be read as えない. Neither ～得る nor ～得ない can be used to mean that something is possible/impossible because of an ability. " あり得る " means something is possible, and " あり得ない " means it is impossible.

可能……/ 不可能……。「～得る」有「できる」也有「有可能性」的意思，有读「うる」和读「える」的时候。「～得ない」有「不可能」也有「没有可能性」的意思，读音只有「えない」。「～得る」和「～得ない」都不能用在表示有无能力的语句。「あり得る」表示有可能性，「あり得ない」表示没有可能性。

~수 있다/ ~수 없다.「～得る」는「할 수 있다」「가능성이 있다」의 뜻으로, 경우에 따라「うる」혹은「える」라고 읽는다.「～得ない」는「할 수 없다」,「가능성이 없다」의 뜻으로「えない」라고만 읽는다.「～得る」,「～得ない」는 능력적으로 할 수 있다／없다의 의미로는 사용하지 않는다.「あり得る」는 가능성이 있음을,「あり得ない」는 가능성이 없음을 나타낸다.

Có thể .../ Không thể... ～得る có nghĩa là: Có thể, hay có khả năng, có trường hợp đọc là うる , có trường hợp đọc là える. ～得ない có nghĩa là: Không thể, hay không có khả năng. Chỉ có cách đọc duy nhất là えない. Cả ～得る lẫn ～得ない đều không được dùng với nghĩa có thể hay không thể theo năng lực.

接続　　V ます形 ＋ 得る・得ない

＜例＞
①日本では、地震はいつでもどこでも起こり得ることだ。
②仕事でトラブルがあったが、考え得る一番いい方法で解決した。
③旅行をするとテレビや雑誌では知り得ないことを見たり聞いたりできる。
④私の会社はヨーロッパやアジアに支店があるので、海外転勤もあり得る。
⑤彼は出張中だから、ここへ来るなんてあり得ない。

解決する …… solve/ 解决 / 해결하다 /giải quyết
支店 …… branch/ 支店 / 지점 /chi nhánh

～おそれがある・～おそれもある

意味　　～という心配がある

悪（わる）いことが起（お）こる可能性（かのうせい）があることを表（あらわ）す。

There is a worry that ～. Expresses possibility that something bad will happen.
恐怕……。表示有可能发生不好的事情。
～할 우려가 있다. 나쁜 일이 일어날 염려가 있음을 나타낸다.
E sợ là..., lo ngại là... Thể hiện có khả năng xảy ra việc xấu.

接続　　V　辞書形（じしょけい）
　　　　　　Nの　　　　　　　＋　おそれがある・おそれもある

＜例（れい）＞
①明日（あした）かあさって、台風（たいふう）が来（く）るおそれがある。
②祖父（そふ）は心臓病（しんぞうびょう）の発作（ほっさ）が起（お）こるおそれがあったので、いつも薬（くすり）を飲（の）んでいた。
③地震（じしん）のあとは、津波（つなみ）のおそれもあるので注意（ちゅうい）が必要（ひつよう）だ。

心臓病（しんぞうびょう）……heart disease/ 心脏病 / 심장병 /Bệnh tim

発作（ほっさ）……attack/ 发作 / 발작 /phát tác

津波（つなみ）……tsunami/ 海啸 / 해일 /sóng thần

第 9 週 2 日目

～かねる／～かねない

意味　～できない／～の可能性がある

「～かねる」は、しようという気持ちがあっても心理的に抵抗があってできない、またはするのが難しいという意味を表す。丁寧に断るときに「～かねます」を使うこともできる（例③）。
「～かねない」は、悪いことが起こる可能性を言い、話し手の不安や心配を表す。

～ is not possible/there is a possibility of ～ . ～かねる means that although one wants to do something, one can't because of a psychological resistance to it, or that it is difficult to do. ～かねます is a polite way to refuse something (Ex. 3). ～かねない expresses speaker's unease or worry that something unfortunate will occur.

难以……; 不能……。「～かねる」表示主观上想做某事，但是由于心理上的抵触难以做到，并且做起来很难。「～かねます」可以用于委婉的拒绝 (例③)。「～かねない」表示有可能发生不好的事情，并由此引起说话人的不安和担忧。

～할 수 없다 / ～할 가능성이 있다．「～かねる」는 하려는 마음은 있으나 심리적인 거부감으로 인하여 못 하거나 혹은 하기 어려움을 의미한다．「～かねます」는 공손하게 거절하는 표현 (예 3)．「～かねない」는 나쁜 일이 일어날 것 같은 불안과 걱정을 나타낸다．

Không thể.../ Có khả năng... ～かねる có nghĩa là dù muốn làm, dù đấu tranh tâm lý rồi nhưng vẫn không thể hoặc có làm cũng rất khó. Khi từ chối lịch sự cũng có thể dùng ～かねます (ví dụ 3) , ～かねない chỉ khả năng xảy ra việc xấu, thể hiện sự bất an, lo lắng của người nói.

接続　Vます形 ＋ かねる・かねない

<例>　①彼女の考えには賛成しかねる。
　　　②母の誕生日に何をプレゼントしようか、決めかねている。
　　　③その件については分かりかねますので、後ほどお答えします。
　　　④そんなにスピードを出したら、交通事故を起こしかねない。
　　　⑤「高橋さん、酔っ払って窓ガラスを割ったらしいよ。」
　　　　「ああ、あの人なら、やりかねないね。」

整理！
～かねる ＝ できない
～かねない ＝ 可能性がある

後ほど …… later/ 稍后 / 나중에 /sau
酔っ払う …… get drunk/ 喝醉 / 취하다 /say xỉn

～がたい

意味　　～するのは難しい

それをするのは難しいまたは不可能だということを表す。心理的なことを言うことが多く、能力的にできる・できないの意味では使わない★。

～ is difficult to do. Expresses that something is difficult or impossible to do. Often used for psychological matters, and is not used for things that are possible or impossible because of ability.

难……。表示很难或不可能做某事。多用于心理原因，不能用于说明有无能力。

～하기 어렵다．그것을 하기는 어렵다, 불가능하다는 뜻．주로 심리적으로 불가능함을 말하는 경우에 쓰이며 능력적으로 할 수 있음·없음을 의미하지 않는다．

Khó làm... Cách nói thể hiện là khó làm được việc đó hay không thể làm được việc đó. Thường dùng để chỉ tâm lý, không sử dụng với ý nghĩa có thể, không thể xét về năng lực.

接続　　V ます形 ＋ がたい

<例>　①力の弱い人に暴力を振るうなんて許しがたいことだ。
　　　②自分が大勢の人の前で歌を歌っている姿は想像しがたい。
　　　③信じがたいことに、佐藤さんと吉田さんが結婚するらしい。

★こんな文はだめ！
× 100メートルを10秒では走りがたい。

暴力を振るう …… use violence/ 实施暴力/ 폭력을 휘두르다/ dùng vũ lực

許す …… allow/ 饶恕/ 용서하다/ cho phép

姿 …… figure/ 样子/ 모습/ hình dáng

第9週 2日目 確認テスト

問題1　正しいものに○をつけなさい。

1) 交通事故は誰にでも起こり { a. 得る　b. かねる } ものだ。
2) 子供はケーキが焼けるのを待ち { a. がたくて　b. かねて } 遊びに行ってしまった。
3) 忘れ { a. がたい　b. 得る } 経験ができて、みんなに感謝している。
4) 今年の夏は雨が全然降らないので、水不足の { a. あり得る　b. おそれがある }。
5) バランスのいい食事をしないと病気になり { a. かねない　b. かねる }。
6) ギャンブルにお金を使う人の気持ちは { a. 理解しがたい　b. 理解がたい }。

水不足 …… lack of water/ 缺水 / 물부족 /thiếu nước

問題2　（　）に入る適当な言葉を　　　から選びなさい。同じ言葉は一度しか使えません。

| 得ない　　おそれがある　　がたい　　かねない |

1) 宇宙人なんて存在し（　　　　）と私は考える。
2) 海外留学では得（　　　　）経験ができた。
3) 世界中で新型ウィルスが流行する（　　　　）。
4) 今、仕事をやめたら無責任だと言われ（　　　　）。

宇宙人 …… alien/ 外星人 / 외계인 /người vũ trụ

新型ウィルス …… new virus/ 新型病毒 / 신종 바이러스 /vi rút mới

流行する …… become epidemic/ 流行 / 유행하다 /lan tràn

問題3　どちらか適当なものを選びなさい。

1）この件については私一人では決めかねますので、
　　{ a. 今すぐ判断できます。
　　{ b. 社に戻ってからお返事いたします。

2）彼は子供の時、イタリアに住んでいたので、　　{ a. イタリア語が話せる。
　　　　　　　　　　　　　　　　　　　　　　　　{ b. イタリア語が話せ得る。

判断する …… judge/ 判断 / 판단하다 /phán đoán

271ページで答えを確認！

得点　　／12

（第9週1日目の解答）
問題1　1）b　2）b　3）a　4）a　5）a　6）a
問題2　1）分かりっこない　2）かわいそうでならない　3）謝りようがない
問題3　1）b　2）a　3）b

第9週 3日目

～をきっかけに／～を契機に／～を通じて／～をこめて

> 今日と明日は主に文の途中に出てくる文型

～をきっかけに・～をきっかけとして・～をきっかけにして

意味　～が動機や機会になって・～のときから

何かを始める最初の機会や動機になったことを表す。

～ is a motivation or chance・since ～. Expresses that something is the first chance or motivation.
以……为契机；趁……机会。表示开始做某个事情的开端和动机。
～가 동기 혹은 기회가 되어・～때 부터. 무언가를 시작하게 된 첫 계기나 동기가 된 것을 나타낸다.
... trở thành động cơ, cơ hội, từ khi... Biểu thị rằng từ một việc nào đó đã trở thành động cơ, cơ hội để bắt đầu cái gì đó.

接続　N ＋ をきっかけに・をきっかけとして・をきっかけにして

＜例＞
① 大学入学をきっかけに、一人暮らしを始めた。
② 学生時代の旅行をきっかけとして、旅行ガイドになりたいと思うようになった。
③ たばこの値上げをきっかけにして、禁煙した。
④ 素敵な花瓶をいただきました。これをきっかけにいつも玄関に花を飾ろうと思います。

値上げ …… increase in price / 涨价 / 가격 인상 / tăng giá

～を契機に・～を契機として・～を契機にして

意味　　～を機会に・～のときから

転機になった機会を表す。後文は良い状態に変化したことや発展したことなどを述べる。

A chance to ～・since ～. Expresses opportunity that is a turning point. What follows will be a positive situation, change, or development.

以……为转折点；从……时候开始。表示到了转折点。后面的语句用来说明，情况向好的方向变化和发展。

～를 계기로・～때 부터. 전환기를 맞게 된 계기를 나타낸다. 뒤 문장에서는 좋은 상태로 변하거나 발전한 내용을 서술한다.

Nhân cơ hội..., từ khi... Biểu thị cơ hội mang tính bước ngoặt. Vế sau biểu thị việc tiến triển, thay đổi tình hình theo chiều hướng tốt lên.

接続　　N ＋ を契機に・を契機として・を契機にして

<例>　①年金問題を契機に、人生設計を考えるようになった。

　　　②この映画の上映を契機として、若い人にドラッグの怖さを知ってほしい。

　　　③オリンピックを契機にして、この都市は大きくなった。

年金 …… annual pension / 养老金 / 연금 / trợ cấp hàng năm

人生設計 …… life plan / 人生计划 / 인생 설계 / kế hoạch cuộc đời

上映 …… screening / 上映 / 상영 / trình chiếu

第9週3日目

〜を通じて・〜を通して

(1) 意味　〜を媒介して

手段や方法、媒介するものを表す。

Through 〜 as an intermediary. Expresses that some means or method transmits or mediates something.

通过……。表示作为手段和方法、媒介。

〜을 매개로. 수단과 방법, 매개를 나타낸다.

Thông qua... Biểu thị việc thông qua phương pháp, cách thức nào đó.

接続　N ＋ を通じて・を通して

<例> ①インターネットを通じて、世界中の人と知り合いになれる。

②申し込みは事務所を通して行ってください。

③スポーツを通して生涯の友人と出会った。

(2) 意味　〜の間ずっと

「その期間の初めから終わりまでずっと」という意味。

Throughout 〜. Expresses that something happens continuously from the beginning to the end of some period.

整个……。「从开始到结束的整个过程，一直……」的意思。

〜동안 계속.「그 기간의 처음부터 끝까지 계속」이라는 뜻.

Liên tục... Thể hiện ý nghĩa: Suốt từ lúc bắt đầu cho đến khi kết thúc.

接続　(1)と同じ

<例> ①ここでは一年を通じて、きれいな花が咲いている。

②彼女は生涯を通して、貧しい人のために働いた。

生涯 …… lifetime/ 一生 / 생애 /cuộc đời

貧しい …… poor/ 贫穷 / 가난하다 /nghèo

～をこめて

意味　～という気持ちを入れて

「気持ちや願いを充分伴って」の意味。
With a feeling of ～. Expresses that something is accompanied sufficiently by a feeling or a wish.
充满……。「充满感谢的心情或愿望」的意思。
～라는 마음을 담아.「바람이나 마음을 가득 담아」라는 뜻.
Gửi gắm tâm tư tình cảm vào... Thể hiện ý nghĩa: Gửi gắm tâm tư, nguyện vọng.

接続　　N ＋ をこめて

＜例＞　①お世話になった人へ感謝の気持ちをこめて手紙を書いた。

　　　②明るい子に育ってほしいという願いをこめて、明子という名前をつけた。

　　　③心をこめて作ったネックレスを母にプレゼントした。

第9週 3日目 確認テスト

問題1　正しいものに○をつけなさい。

1) スポーツ大会 {a. をきっかけで　b. をきっかけに}、彼女と仲良くなった。
2) 一日も早く元気になるように願い {a. をこめて　b. を通して} 花を送ります。
3) 30歳になったの {a. を契機に　b. を通じて} マラソンを始めた。
4) この国は一年 {a. をきっかけとして　b. を通して} 暖かい。
5) {a. 愛　b. 愛の} をこめて、手紙を書く。

問題2　（　）に入る適当な言葉を □ から選びなさい。同じ言葉は一度しか使えません。

契機として　　こめて　　通して

1) 愛を（　　　　）指輪を贈ります。
2) 人材派遣会社を（　　　　）、今の会社で働くようになった。
3) 帰国を（　　　　）、まじめに働くことを考えるようになった。

人材派遣会社 …… temporary staff agency / 人材派遣公司 / 인재 파견 회사 / công ty phái cử

問題3 どちらか適当なものを選びなさい。

1) a. 心をこめて
   b. 手紙をこめて } プレゼントをおくります。

2) 花を育てることを通して、{ a. 庭がきれいだ。
   b. 命の大切さを学んだ。

3) 一人暮らしをきっかけとして、{ a. 栄養が気になっている。
   b. 栄養に気をつけるようになった。

4) インターネットを通して { a. 料金がかかっている。
   b. 無料でテレビ電話ができる。

命（いのち）…… life/ 生命 / 생명 /sinh mệnh

栄養（えいよう）…… nutrition/ 营养 / 영양 /dinh dưỡng

277ページで答えを確認！

得点　／12

（第9週2日目の解答）
問題1　1) a　2) b　3) a　4) b　5) a　6) a
問題2　1) 得ない　2) がたい　3) おそれがある　4) かねない
問題3　1) b　2) a

271

第9週 4日目

〜に加え（て）／〜うえ（に）／〜はもちろん／〜のみならず

付加をする言い方

〜に加え（て）

意味　〜だけでなく、さらに

他のものをプラスする表現。「Aに加え（て）B」で、「Aも、そしてBも」の意味になる。

Not just 〜, but also with... Expresses that something is added. Means "in addition to A ,B" or "A, and B as well."

不但……还。表现同时还伴有其他的事情。不但有「Aに加え（て）B」，还有「A和B也」的意思。

〜뿐만 아니라, 그 외에. 다른 것을 첨가함을 나타낸다. 「Aに加え（て）B」의 꼴로「A도, 그리고 B도」라는 의미를 나타낸다.

Không chỉ vậy..., ngoài ra, thêm vào đó... Biểu thị việc thêm vào cái khác với ý nghĩa: B thêm vào A, hay A cũng và B cũng.

接続　N ＋ に加え（て）

<例> ①昨日から体調が悪い。咳に加えて熱も出てきた。

②高速道路の料金に加え、ガソリン代も安くなった。

高速道路 …… freeway/ 高速公路 / 고속 도로 /đường cao tốc

～うえ（に）

意味　～。そして

何かにプラスして他のことも言う表現。良いことには良いことをプラスし、悪いことには悪いことをプラスする。

~ . And also... Expresses something in addition. Positive things are added to positive things, and negative things are added to negative things.

不仅……。表示累加什么事情，来说明其他的事物。既用于累加好事，也用于累加坏事。

～。그리고. 무언가에 다른 것을 첨가하여 말하는 표현. 좋은 일에는 좋은 일을, 나쁜 일에는 나쁜 일을 보태어 말한다.

Không chỉ... Cách nói biểu thị việc còn có cả việc khác thêm vào cái đó nữa. Nếu là việc tốt thì thêm vào việc tốt còn nếu là việc xấu thì thêm vào việc xấu.

接続
V・イA　普通形
ナA・N　名詞修飾型
｝＋ うえ（に）

（ただし、ナAとNは「である」もOK。）

＜例＞
① 彼は毎日スポーツジムに通っているうえ、家でもトレーニングをしていて、熱心だ。
② この仕事は楽しいうえにやりがいもある。
③ 彼女はわがままなうえにプライドが高い。

➡　～の上で［第2週1日目］p.48
　　～上・～上は・～上も［第5週2日目］p.142
　　～上は［第7週4日目］p.213

スポーツジム …… gym/ 健身房 / 헬스클럽 /tập thể dục

トレーニング …… workout/ 锻练 / 트레이닝 /đào tạo

やりがいがある …… rewarding/ 有价值的 / 보람 있는 /thú vị

プライドが高い …… proud/ 自尊心强 / 자존심이 강하다 /kiêu ngạo

～はもちろん・～はもとより

意味　　～は当然

「AはもちろんB」で「Aは当然だが、それだけではなくBも」という意味。「～はもとより」は「～はもちろん」より硬い言い方。

To say nothing of ～ . Expresses that "A is obvious, but not only that, B is also true." ～はもとより is more formal than ～はもちろん .

自不必说……不仅有「AはもちろんB」，更有「当然有A, 但是不仅是如此B也」的意思。「～はもとより」比「～はもちろん」的说法更生硬。

~는 물론 . 「AはもちろんB」의 꼴로「A는 물론이고 그뿐 아니라 B도」라는 뜻 .「～はもとより」는「～はもちろん」보다 딱딱한 표현 .

Đương nhiên là... Biểu thị ý nghĩa: A thì đương nhiên B, hay A thì đương nhiên rồi, nhưng không chỉ thế còn cả B nữa.

接続　　N ＋ はもちろん・はもとより

<例>　①彼女は日本語はもちろん、フランス語と韓国語もぺらぺらだよ。

②スポーツは見るのはもちろん、するのも大好きです。

③不景気のため、中小企業はもとより、大企業も倒産する可能性がある。

ぺらぺらな …… fluent/ 流利 / 유창한 /trôi chảy

不景気 …… recession/ 不景气 / 불경기 /tình hình kinh tế suy thoái

中小企業 …… small and medium-sized company/ 中小企业 / 중소기업 /xí nghiệp vừa và nhỏ

大企業 …… big company/ 大公司 / 대기업 /xí nghiệp lớn

倒産する …… go bankrupt/ 破产 / 도산하다 /phá sản

～のみならず・～のみではなく

意味　～だけでなく

「それだけではなく、他にも・さらに～」という意味。後に「～も」が来ることが多い。「～のみでなく」も同じ意味。

Not only ～. Expresses "not just that, but also/on top of that." Often followed by も. Same meaning as ～のみでなく.

不仅……。「……不仅如此，而且还……」的意思。后面经常接续「～も」。「～のみでなく」的意思也相同。

～뿐만 아니라.「그 뿐만 아니라 그 외에도～」라는 뜻. 뒤에「～も」를 수반하는 경우가 많다.「～のみでなく」도 같은 뜻.

Không chỉ... mà còn... Biểu thị ý nghĩa: Không chỉ cái đó mà còn cái khác nữa. Trợ từ phía sau thường là ～も. ～のみでなく cũng có nghĩa giống vậy.

接続　Ｖ・イＡ・ナＡ・Ｎ　普通形　＋　のみならず
（ただし、ナＡとＮは「だ」がつかない。「である」も使う。）

＜例＞
① スポーツは勝ち負けを競うのみならず、心と体を鍛えることができる。
② 入院生活は退屈であるのみならず、体力が失われるように感じる。
③ この歌は日本のみならず、ヨーロッパやアジアでも歌われている。
④ このレストランは魚料理のみでなく、肉料理もおいしい。

競う　……　compete/ 竞争/ 겨루다 /cạnh tranh

鍛える　……　develop/ 锻炼/ 단련하다 /rèn luyện

失う　……　lose/ 失掉/ 잃다 /mất

第9週 4日目 確認テスト

問題1　正しいものに○をつけなさい。

1) この携帯電話は、国内 {a. はもちろん　b. うえに}、海外でも使えます。
2) あの歌手は歌 {a. うえに　b. のみならず} ダンスもうまい。
3) 今日は気温が低い {a. うえに　b. に加えて} 雨も降っていて寒い。
4) この棚は大きくて {a. 邪魔だ　b. 邪魔な} うえ、古くて壊れそうだ。

問題2　（　）に入る適当な言葉を □ から選びなさい。同じ言葉は一度しか使えません。

| うえ　　加えて　　のみならず　　もとより |

1) マルクスは経済（　　　　　）、哲学にも影響を与えた。
2) この病院では医者は（　　　　　）、看護師も足りない。
3) 寝坊した（　　　　　）、雨で電車が遅れて大変だった。
4) 頭が痛い。それに（　　　　　）熱が出てきた。

マルクス …… Marx/ 马克思 / 마르크스 /tên lãnh tụ Các Mác

哲学 …… philosophy/ 哲学 / 철학 /triết học

影響 …… influence/ 影响 / 영향 /ảnh hưởng

問題 3 （　　）に入る最も適当なものを一つ選びなさい。

1）彼女は明るいうえに、（　　　）。

    a. とても親切な人だ

    b. とてもつまらない人だ

    c. とてもわがままな人だ

2）ヨガをすると、体はもちろん、（　　　）。

    a. けがもする

    b. お金もかかる

    c. 心もきれいになる

3）ここでは食べ物のみならず（　　　）。

    a. 水も貴重だ

    b. 生きていくことができない

    c. 準備しておいたほうがいい

4）この花瓶は色の美しさに加えて、（　　　）。

    a. 形もきれいだ

    b. 形はつまらない

    c. 形に色がついている

貴重な …… precious/ 珍贵的 / 귀중한 /quý trọng

282ページで答えを確認！

得点　／12

(第9週3日目の解答)
問題1　1）b　2）a　3）a　4）b　5）a
問題2　1）こめて　2）通して　3）契機として
問題3　1）a　2）b　3）b　4）b

第9週 5日目

尊敬語・謙譲語／尊敬語と丁寧語／その他の表現

敬語をマスターしよう。

尊敬語・謙譲語（動詞）

(1) 規則的に変化する動詞

尊敬語

● お／ご〜になる
- 部長はもうお帰りになった。
- 先生がご説明になります。
- ここならゆっくりお話しになれますよ。

● 〜れる／〜られる
- 部長は明日この書類を読まれるだろう。
- 社長がタクシーを降りられます。

謙譲語

● お／ご〜する
- 先生、私が荷物をお持ちします。
- 私がみなさんを工場までご案内する予定です。

(2) 不規則に変化する動詞

	尊敬語	謙譲語
言う	おっしゃる	申す・申し上げる
する	なさる	いたす
いる	いらっしゃる・おいでになる	おる
行く	いらっしゃる・おいでになる・おこしになる	あがる・伺う・参る
来る	いらっしゃる・おいでになる・おこしになる・見える（お見えになる）	参る
食べる・飲む	召し上がる・あがる	いただく
見る	ごらんになる・ごらんくださる	拝見する
聞く	―	伺う
受ける	―	承る
会う	―	お目にかかる
見せる	―	お目にかける・ごらんに入れる
借りる	―	拝借する
知っている	ご存じだ	存じる・存ずる・存じておる・存じ上げる
思う	―	存じる・存ずる
着る	お召しになる	―
〜ている	〜ていらっしゃる・〜ておいでになる	〜ておる
〜てくる	―	〜てまいる

(3) 授受動詞

	尊敬語	謙譲語
くれる	くださる	―
〜てくれる	〜てくださる	―
もらう	―	いただく・頂戴する
〜てもらう	―	〜ていただく
あげる	―	さしあげる
〜てあげる	―	〜てさしあげる

第9週5日目

尊敬語と丁寧語（形容詞など）

	尊敬語	丁寧語
ある	—	ございます ・ここに申込書がございます。
い形容詞	お＋い形容詞＋くていらっしゃいます ・お忙しくていらっしゃいます	（お）＋い形容詞（う）＋ございます ・お寒うございます ・大きゅうございます
な形容詞	お／ご＋な形容詞＋でいらっしゃいます ・お上手でいらっしゃいます	な形容詞＋でございます ・幸せでございます
名詞	お／ご＋名詞 ・お名前 ・ご研究 名詞＋でいらっしゃいます ・あの方は作家でいらっしゃいます。	名詞＋でございます ・ここが会場でございます。

その他の表現

● お／ご＿＿＿＿＿だ／です
　・社長がお呼びですよ。

● お／ご＿＿＿＿＿ください
　・厳しくご指導ください。

● お／ご＿＿＿＿＿くださる
　・本をお貸しくださった。

● お／ご＿＿＿＿＿なさる
　・何をご研究なさっているのですか。

● お／ご＿＿＿＿＿いたす
　・ご案内いたしますので、こちらへどうぞ。

● お／ご＿＿＿＿＿いただく
　・あとでご説明いただくことになっています。

● お／ご＿＿＿＿＿願う
　・電話があったことをお伝え願えませんか。
　・ぜひご検討願います。

● ＿＿＿＿＿ていただけませんか・＿＿＿＿＿てくださいませんか
　・この本を貸していただけませんか。

● お／ご＿＿＿＿＿いただけませんか・お／ご＿＿＿＿＿てくださいませんか
　・この本をお貸しいただけませんか。

● ＿＿＿＿＿（さ）せていただけませんか
　・明日、休ませていただけませんか。

第9週 5日目 確認テスト

問題1 正しいものに○をつけなさい。

1) 最初に私が {a. ご説明になります　b. ご説明いたします}。
2) 明日、先生は研究室に {a. いらっしゃいます　b. 伺います} か。
3) 社員「社長はこの映画を {a. ごらんになりました　b. ごらんに入れました} か。」
   社長「ああ、先週、見たよ。」
4) 先生が私に本を貸して {a. いただいた　b. くださった} ので、買わずに読めました。
5) 今朝はずいぶん {a. お寒い　b. お寒う} ございますね。

問題2 （　）に入るもっとも適当なものを一つ選びなさい。

1) この仕事、ぜひ私に（　　）。
   a. やっていただきます　b. やっていただけませんか　c. やらせていただけませんか

2) 「すみません。図書館にこの本があるか（　　）。」
   「分かりました。今調べますので、お待ちください。」
   a. お調べしたいのですが　b. お調べ願いたいのですが　c. お調べくださいますのですが

3) あまり時間がありませんので、（　　）。
   a. お急ぎください　b. お急ぎでいらっしゃいませんか　c. お急ぎになられていただけませんか

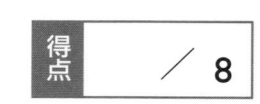

得点 ／8

（第9週4日目の解答）
問題1　1) a　2) b　3) a　4) b
問題2　1) のみならず　2) もとより　3) うえ　4) 加えて
問題3　1) a　2) c　3) a　4) a

索引

(あ)

〜あげく（に）	53
あたって	24
あたり	24
〜あまり	221
いうと	117
いうものだ	250
いうものではない	251
いうものでもない	251
いうより	208
いえば	117
〜以上（は）	212
いった	201
いったら	117
いっても	119
〜一方	83
〜一方だ	60
〜一方で（は）	83
以来	19
〜上で（は）	48
〜上での	48
〜上でも	48
〜うえ（に）	273
〜上の	48
〜上は	213
〜うちに	29
〜得る（うる・える）	260
〜得ない	260
おいて（は）	16
おいても	16
応じた・応じ（て）	76
〜おかげだ	218
〜おかげで	218
おける	16
〜おそれがある	261
〜おそれもある	261

(か)

かかわらず	96
かかわりなく	96
限って	141
限らず	141
限り	141
〜かぎりでは	140
〜かぎり（は）	140
〜かけだ	31
かけて	18
かけては	143
かけても	143
〜かけの	31
〜かける	31
〜がたい	263
〜がちだ	192
〜がちの	192
〜かと思うと	36
〜かと思ったら	36
〜か〜ないかのうちに	37
〜かねない	262
〜かねる	262
かのうちに	37
〜かのようだ	179
〜かのような	179
〜かのように	179
かまわず	100
〜からいうと	110
〜からいえば	110
〜からいって	110
〜からこそ	158
〜からして	113
〜からすると	111
〜からすれば	111
〜からって	118
からでないと	46
からでなければ	46
〜からといって	118
〜から〜にかけて	18
〜からには	214
〜からは	214
〜から見て（も）	112
〜から見ると	112
〜から見れば	112
かわって	85
かわりに	85
〜かわりに	84
関して（は）	89
関する	89

283

きっかけとして	266	～次第	34
きっかけに（して）	266	～次第だ	55
～気味	188	～次第だ・～次第で	134
～きり（だ）	58	～次第では	134
～きる	59	したがい	70
～きれない	59	したがって	70
～きれる	59	（に）したら	106
～くせに	148	（と）したら	107
～くらい・～ぐらい	154	（と）して（は）	105
くらいだ・ぐらいだ	154	（に）して（は）	147
～くらい…ない	155	（と）しても	105
比べ（て）	78	（に）しても	106
加え（て）	272	しょうがない	254
～げ	189	～上（は）	142
契機として	267	～上も	142
契機に（して）	267	しろ	196
～こそ	158	末（に）	52
こたえ（て）	94	末の	52
こたえる	94	すぎない	177
～ことか	230	～ずに（は）いられない	172
～ことから	116	（に）すれば	106
～ことだ	231	（と）すれば	107
～ことだから	232	～せいか	219
～こととなっている	237	～せいだ・～せいで	219
～ことなく	233	せよ	196
～ことになっている	237	沿い・沿う	123
～ことに（は）	236	相違ない	170
～ことはない	238	沿った・沿って	123
～こともない	238		
こめて	269	**（た）**	
		対し（て）	90
（さ）		対しては	90
～際	22	対する	90
際し（て）	23	～だけ（あって）	215
際しての	23	～だけに・～だけの	215
～最中だ・～最中に	28	～た末（に）	52
～際に・～際は	22	～た末の	52
～さえ	159	～たところ	49
～さえ…ば	160	～たとたん（に）	35
先立ち・先立つ	25	～たび（に）	40
先立って	25	たまらない	254
～ざるをえない	171	～だらけ	191
～しかない	165	違いない	170

中心として	129
中心に（して）	129
〜ついでに	66
ついての	88
ついて（は）	88
通じて	268
つき	88
〜っけ	184
つけ・つけて	42
つけても	42
〜っこない	256
〜つつ（も）	64
〜つつある	61
〜っぽい	190
つれ（て）	71
〜て以来	19
〜てからでないと	46
〜てからでなければ	46
〜でさえ	159
〜てしょうがない	254
〜てたまらない	254
〜てならない	255
〜ては	41
〜てはじめて	47
〜ということだ	239
〜というと	117
〜というものだ	250
〜というものではない	251
〜というものでもない	251
〜というより	208
〜といえば	117
〜といった	201
〜といったら	117
〜といっても	119
通して	268
〜と思うと	36
〜と思ったら	36
〜とおり（に）	122
〜どおり（に）	122
〜とか	185
ところ	49
〜どころか	207
〜どころではない	209

〜どころではなく	209
〜ところに・〜ところへ	30
〜ところを	30
〜としたら	107
（〜を）〜とした	130
〜として（は）	105
（〜を）〜として	130
〜としても	105
（〜を）〜とする	130
〜とすれば	107
〜とたん・〜とたんに	35
とっての	104
とって（は）	104
とっても	104
〜とともに	73
ともかく（として）	101
伴い	72
伴う	72
伴って	72
ともに	73
問わず	95

（な）

〜ないうちに	29
〜ないかぎり	140
ないかのうちに	37
〜ないことには	161
〜ないことはない	176
〜ないこともない	176
〜ないではいられない	173
〜ながら（も）	65
〜など	202
〜なんか	202
ならない	255
〜なんて	202
〜にあたって	24
〜にあたり	24
〜において（は）	16
〜においても	16
〜に応じた・〜応じ（て）	76
〜における	16
〜にかかわらず	96
〜に（は）かかわりなく	96

〜に限って	141
〜に限らず	141
〜に限り	141
〜にかけて	18
〜にかけては・〜かけても	143
〜にかわって	85
〜にかわり	85
〜に関して（は）	89
〜に関する	89
〜にきまっている	164
〜に比べ（て）	78
〜に加え（て）	272
〜にこたえ（て）	94
〜にこたえる	94
〜に際し（て）	23
〜に際しての	23
〜に先立ち	25
〜に先立つ	25
〜に先立って	25
〜にしたがい	70
〜にしたがって	70
〜にしたら	106
〜にしては	147
〜にしても	106
〜にしろ	196
〜にすぎない	177
〜にすれば	106
〜にせよ	196
〜に沿い・〜に沿う	123
〜に相違ない	170
〜に沿った・〜に沿って	123
〜に対し（て）	90
〜に対しては	90
〜に対する	90
〜に違いない	170
〜についての	88
〜について（は）	88
〜につき	88
〜につけ・〜につけて	42
〜につけても	42
〜につれ（て）	71
〜にとっての	104
〜にとって（は）	104
〜にとっても	104
〜に伴い	72
〜に伴う	72
〜に伴って	72
〜に（は）かかわりなく	96
〜に反した・〜に反して	79
〜に反する	79
〜にほかならない	167
〜にもかかわらず	97
〜に基づいた・〜に基づいて	124
〜に基づき・〜に基づく	124
〜によって	135
〜によっては	135
〜により	135
〜による	135
〜によると	137
〜によれば	137
〜にわたって	17
〜にわたり・〜にわたる	17
〜ぬきで	102
〜ぬきに・〜ぬきの	102
ぬきにして	102
〜ぬく	54
〜の末（に）	52
〜のみではなく	275
〜のみならず	275
〜のもとで・〜のもとに	128

（は）

〜ばかりか	206
〜ばかりでなく	206
〜ばかりに	220
はじめ（として）	200
はじめて	47
はじめとする	200
〜はともかく（として）	101
〜は問わず	95
〜（は）ぬきにして	102
〜ば〜ほど	77
〜はもちろん	274
〜はもとより	274
反した・反し（て）	79
反する	79

～半面	82
～反面	82
～べき（だ）	178
～べきではない	178
～ほかしかたがない	166
～ほか（は）ない	166
ほかならない	167
ほど	77
～ほど	152, 153
～ほどだ・～ほどの	153
～ほど…はない	155

（ま）

～まい	182
～まいか	182
～向きだ	149
～向きに・～向きの	149
～向けだ	150
～向けに・～向けの	150
めぐって	91
めぐる	91
～もかまわず	100
もちろん	274
基づいた・基づいて	124
基づき・基づく	124
もとで	128
（～を）もとに	125
（～の）もとに	128
もとにして	125
もとより	274
～も～なら～も～	194
～もの	242
～ものか	243
～ものがある	246
～ものだ	244
～ものだから	248
～ものではない	244
～ものなら	249
～ものの	67
～も～ば～も～	194

（や）

～やら～やら	195

～ようがない	257
～ように	131
～ようもない	257
よって	135
よっては	135
より	135
～よりほか（は）ない	166
よる	135
よると	137
よれば	137

（わ）

～わけがない	224
～わけだ	225
～わけではない	226
～わけでもない	226
～わけにはいかない	227
～わけにもいかない	227
～わけはない	224
わたって	17
わたり・わたる	17
～わりに（は）	146

（を）

～をきっかけとして	266
～をきっかけに（して）	266
～を契機として	267
～を契機に（して）	267
～をこめて	269
～を中心として	129
～を中心に（して）	129
～を通じて	268
～を通して	268
～を～とした	130
～を～として	130
～を～とする	130
～を問わず	95
～をはじめ（として）	200
～をはじめとする	200
～をめぐって	91
～をめぐる	91
～をもとに（して）	125

45日間で基礎からわかる
日本語能力試験対策　N2文法総まとめ

Preparation for The Japanese Language Proficiency Test

2010年8月25日　第1刷発行
2024年4月25日　第14刷発行

著　者	遠藤ゆう子
監　修	遠藤由美子
発行者	前田俊秀
発行所	株式会社三修社
	〒150-0001　東京都渋谷区神宮前2-2-22
	TEL　03-3405-4511　FAX　03-3405-4522
	振替　00190-9-72758
	https://www.sanshusha.co.jp
	編集担当　藤谷寿子
編集協力	浅野未華
カバーデザイン	大郷有紀（株式会社ブレイン）
DTP	山口俊介
印刷製本	倉敷印刷株式会社

© 2010　ARC Academy　Printed in Japan　ISBN978-4-384-05574-0 C2081

JCOPY〈出版者著作権管理機構 委託出版物〉

本書の無断複製は著作権法上での例外を除き禁じられています。複製される場合は、そのつど事前に、出版者著作権管理機構（電話 03-5244-5088 FAX 03-5244-5089 e-mail: info@jcopy.or.jp）の許諾を得てください。